xin dazhong zhexue

新大众哲学·5·历史观篇

人类思想史上的新历史观

王伟光　主编

人 民 出 版 社

中国社会科学出版社

责任编辑：任 哲 仲 欣
封面设计：石笑梦
版式设计：汪 莹

图书在版编目（CIP）数据

人类思想史上的新历史观 / 王伟光 主编 .
　－北京：人民出版社：中国社会科学出版社，2014.9（2021.11 重印）
（新大众哲学）

ISBN 978－7－01－013844－2

I.①人… II.① 王… III.①历史观－通俗读物 IV.① K01–49

中国版本图书馆 CIP 数据核字（2014）第 192321 号

人类思想史上的新历史观
RENLEI SIXIANGSHI SHANG DE XIN LISHIGUAN

王伟光 主编

人民出版社
中国社会科学出版社 出版发行

北京汇林印务有限公司印刷　新华书店经销

2014 年 9 月第 1 版　2021 年 11 月北京第 8 次印刷
开本：880 毫米 × 1230 毫米 1/32　印张：8.75
字数：150 千字

ISBN 978－7－01－013844－2　定价：21.00 元

邮购地址 100706　北京市东城区隆福寺街 99 号
人民东方图书销售中心　电话（010）65250042　65289539

新大众哲学

目 录

新大众哲学

前言

　　20世纪30年代，著名马克思主义哲学家艾思奇（1910—1966年）写过一部脍炙人口的《大众哲学》（最初书名为《哲学讲话》）。该书紧扣时代脉搏，密切联系中国实际，将马克思主义哲学的基本道理以生动活泼的形式，深入浅出的笔法，贴近大众的语言，通俗而生动地表达出来了。《大众哲学》像一盏明灯，启蒙了成千上万的人们走上中国共产党领导的革命道路。

　　光阴如梭，《大众哲学》问世迄今已逾八十年。八十年在人类历史上只是短暂的一瞬，但生活在这个时代的人们却经历着沧桑巨变！人们能够真切地感受到，科学技术发展一日千里，全球化、信息化浪潮汹涌澎湃，工人阶级和社会主义运动势不可当，当代资本主义内在矛盾激化演变，中国特色社会主义实践日新月异，人们的生活"每天都是新

1

的"。历史时代和社会实践的显著变化，呼唤新的哲学思考。以当年"大众哲学"的方式对现实作出世界观方法论的解答，写出适应时代的"新大众哲学"，既是艾思奇生前未竟的夙愿，更是实践的新需要、人民的新期待、党和国家的新要求。

今天编写《新大众哲学》，要力图准确判断和反映时代的新变化，进行新的哲学的分析。纵观人类历史发展的总体进程，我们的时代是资本主义逐步走向灭亡、社会主义逐步走向胜利的历史时代。尽管马克思主义经典作家早就敲响了资本主义的丧钟，但旧制度的寿终正寝却是一个漫长的历史过程。试看当今世界，通过工人阶级和劳动大众的持续抗争，资本主义不再那么明火执仗、赤裸裸地掠夺，而是进行生产关系与上层建筑体制的局部调整，运用"巧实力"或金融手段实施统治。资本主义不仅没有马上"死亡"，反而表现出一定的活力，然而其不可克服的内在矛盾导致的衰退趋势却是不可逆转的；苏东剧变之后，尽管国际共产主义运动陷入低潮，但社会主义中国则以改革开放为主旋律蓬勃兴起，中国特色社会主义的成功开拓，推动共产主义运动始出低谷。资本主义与社会主义的竞争、较量、博弈正以一种新的形式全面展开。时代的阶段主题由"战争与革命"转向"和平与发展"，但马克思主义经典作家所揭示的整个时代的基本矛盾并没有改变，人类历史的新的社会形态终将代替旧的社会形态的历史总趋势并没有改变，引领时代潮流的时代精神——马克思主义世界观方法论并没有过时。马克思主义哲学是社会实践的理性概括。作为科学社会主义理论基础的马克思主义哲学，需要重新审视资本主义和社会主义及其关系，给大众提供认识社会历史进程和人类前途命运的新视野。《新大众哲学》要准确把握时代变化的实质，引领大众进行新的哲学认知。

编写《新大众哲学》，要力图科学思考和回答科技创新和生产力发展的新问题，赋予新的哲学的概括。科学技术已经成为"第一生产力"，全面、深刻地塑造着整个世界。全球化、信息化、市场化，高新科技的发展和应用，令世界的面貌日新月异。现代资本主义几十年所创造的生产力，远远超过了资本主义几百年、甚至人类社会成千上万年生产力的总和。社会主义中国在与资本主义的竞争中，正在实现赶超式发展。尽管马克思曾经提出"科学技术是生产力""世界历史理论"等一系列重要思想，但当今的科技创新和生产力发展，包括全球化、信息化、市场化对经济、政治、文化、社会的全方位渗透影响，仍然提出大量有待回答的哲学之问。马克思主义哲学是人类社会生产实践和科学研究实践的思想结晶，需要对社会生产实践和科学发展实践提出的问题给予哲学的新解答。《新大众哲学》要科学总结高新技术和生产力发展提出的新问题，提供从总体上把握问题、解决问题的哲学智慧，进行新的哲学解读。

编写《新大众哲学》，要力图深刻总结中国特色社会主义伟大实践中涌现出的新经验，作出新的哲学的概括。中国特色社会主义是当代中国共产党人从事的一项"全新的事业"。改革已经引起了中国社会的深刻变革、社会结构的深刻变动、利益关系和思想观念的深刻变化，一方面推进了经济社会的飞跃发展，另一方面又带来了新的社会矛盾。马克思主义哲学理应正视人民大众利益需求的重大变化，探索满足人民日益增长的物质和文化需要的有效途径，研究妥善处理复杂的利益矛盾、建设富强民主文明和谐的社会主义现代化国家的正确道路。《新大众哲学》在回答重大现实问题的过程中，要对中国道路、中国模式、中国奇迹、中国特色社会主义新鲜经验予以世界观方法论层面的哲学阐释。

编写《新大众哲学》，还要力图回应当代国内外流行的各种哲学社会思潮，给予新的哲学的评判。哲学的发展离不开现成的思想成果，马克思主义哲学是在批判地继承人类一切优秀成果的基础上发展起来的，是在批判非马克思主义、反马克思主义思潮的思想交锋中发展起来的。人们在错综复杂的社会思潮冲击下，常常感到迷惘、困惑，辨不清是非，找不到理想的追求和前行的方向。在这场"思想的盛宴"中，如何"尊重差异，包容多样"，让一切有益于中国特色社会主义建设的思想文化充分涌流；同时，批判错误的哲学思潮，弘扬正确的哲学观，凝聚社会共识，让主流意识形态占领阵地，是马克思主义哲学不容回避的历史任务。《新大众哲学》要在批判一切错误思想、吸取先进思想文明的基础上，担当起升华、创新马克思主义哲学的历史使命。

时代和时代性问题的变化，现实实践斗争的发展，既为马克思主义哲学提供了新的源泉，又不断地对其本身的发展提出急迫的需求。对于急剧变化和诸多问题，马克思主义哲学经典作家没有亲身面对过，更没有专门深入阐述过。任何思想家都不可能超越他们生活的时代，宣布超时代的结论。列宁说："我们并不苛求马克思或马克思主义者知道走向社会主义的道路上的一切具体情况。这是痴想。我们只知道这条道路的方向，我们只知道引导走这条道路的是什么样的阶级力量；至于在实践中具体如何走，那只能在千百万人开始行动以后由千百万人的经验来表明。"[1]但历史并不会因为理论的发展、理论的待建而停下自己的脚步。现实对马克思主义哲学创新充满期待，人们期待得到马克思主义创新的哲学观念的指导。

《新大众哲学》正是基于高度的使命感和理论自觉，努力高扬党的思想路线的旗帜，坚持解放思想、实事求是、与时俱进、求真务实，顺应时代潮流，深入思考和回答时代挑战与大众困惑。《新大众哲学》既不是哲学教科书，刻意追求体系的严密，也不是哲学专著，执着追求逻辑论证与理性推理；而是针对重大现实，以问题为中心，密切关注时代变化和形势发展，注重吸收人类思想新成果，进行哲学提升、理念创新，不拘泥于哲学体系的框架，以讲清哲学真理为准绳。在表达方式上，《新大众哲学》避免纯粹的抽象思辨和教科书式的照本宣科，以通俗化的群众语言来阐述，力求通俗易懂、生动活泼，贴近广大读者的新要求，让马克思主义哲学"讲中国老百姓的话"。

《新大众哲学》立足马克思主义哲学的本真精神，从总论、唯物论、辩证法、认识论、历史观、价值观、人生观七个方面围绕时代问题展开哲学诠释，力求将重大理论与现实问题提升到马克思主义哲学世界观方法论的高度加以分析与阐明，在回答重大理论与现实问题的进程中，力争推进马克思主义哲学的时代化、中国化和大众化。这是历史赋予马克思主义哲学义不容辞的责任，也是《新大众哲学》应当担当的历史重任和奋力实现的目标。或许，在这个信息爆炸、大众兴趣多样化的时代，这套丛书并不能解决大众所有的疑问和困惑，但《新大众哲学》愿与真诚的读者诸君一起求索，一道前行。

　　以上所述只是《新大众哲学》追求的写作目的，然而，由于《新大众哲学》作者们的水平能力有限，可能难以达到预期。再者，《新大众哲学》分七部分，且独立成篇，必要的重复在所难免。同时，作者们的文字功底不够扎实，文字上亦有不尽完善的地方。故恳请读者们指教，供《新大众哲学》再版时修订。

注　释

　　1 《列宁专题文集　论社会主义》，人民出版社 2009 年版，第 399 页。

关于现实的人及其历史发展的科学

——历史观总论

历史唯物主义即唯物主义历史观，简称唯物史观，是人类思想史上全新的历史观。它揭示了人类社会历史发展的客观规律，是关于社会发展一般规律的科学，也是"关于现实的人及其历史发展的科学"。

历史唯物主义即唯物主义历史观，简称唯物史观，是人类思想史上全新的历史观。它揭示了人类社会历史发展的客观规律，是关于社会发展一般规律的科学，也是"关于现实的人及其历史发展的科学"。它既为人们提供了认识社会历史问题的根本看法，又为人们提供了处理社会历史问题的基本方法，是正确认识人及人类社会，改造人及人类社会，推进人与社会自由全面发展的锐利思想武器。

一、第一个伟大发现
——拨开社会历史的迷雾

马克思的生是伟大的生，马克思的死也是伟大的死。

德国工人运动著名活动家梅林（Mehring，1846—1919年）撰写的《马克思传》忠实地记载了马克思伟大的一生。

在《马克思传》最后一章中，梅林充分展示了马克思在生命的最后一年，是怎样为他毕生从事的事业奉献出最后一份力量的热望，是怎样把伟大的共产主义事业同他的生命维系在一起的。

1883 年 3 月 14 日，英国伦敦，天气阴沉，乍暖还寒。下午两点半，恩格斯按每天一次的惯例来看望马克思。老保姆琳蘅走上楼去，立刻又下来了，说马克思处在半睡状态。当恩格斯走进马克思的房间，发现他在安乐椅上安静地睡着了，但已经永远地睡着了。在两分钟之内，他就安详地、毫无痛苦地与世长辞了，一位最伟大的思想家停止了思想。

马克思的逝世，使人类损失了一个最杰出的头脑。3 月 17 日，马克思被安葬在他夫人燕妮·马克思（Jenny Marx，1814—1881 年）的身旁。在伦敦海格特公墓的马克思墓前，恩格斯发表了著名的《在马克思墓前的讲话》，高度评价了马克思作为最伟大的思想家和革命家对于人类思想史和世界工人运动作出的巨大贡献，简短、诚恳而又真实地表述了马克思对于人类所具有的并永远具有的伟大意义：

"这个人的逝世，对于欧美战斗的无产阶级，对于历史科学，都是不可估量的损失。这位巨人逝世以后所形成的空白，不久就会使人感觉到。

"正像达尔文发现有机界的发展规律一样，马克思发现了人类历史的发展规律，即历来为繁芜丛杂的意识形态所掩盖着的一个简单事实：人们首先必须吃、喝、住、穿，然后才能从事政治、科学、艺术、宗教等等；所以，直接的物质的生活资料的生产，从而一个民族或一个时代的一定的经济发展阶段，便构成基础，人们的国家设施、法的观点、艺术以至宗教观念，就是从这个基础上发展起来的，因而，也必须由这个基础来解释，而不是像过去那样做得相反。

"不仅如此。马克思还发现了现代资本主义生产方式和它所产生的资产阶级社会的特殊的运动规律。由于剩余价值的发现，这里就豁然开朗了，而先前无论资产阶级经济学家或者社会主义批评家所做的一切研究都只是在黑暗中摸索。

"一生中能有这样两个发现，该是很够了。"[1]

马克思对整个人类思想发展作出两个最伟大的贡献：一是发现唯物史观；一是发现剩余价值学说。

马克思发现了人类历史的发展规律，创立了唯物史观；运用唯物史观分析资本主义社会，发现了现代资本主义生产方式和它所产生的资产阶级社会的特殊运动规律，创立了剩余价值学说；指明了资本主义必然灭亡的历史趋势和人类社会发展的共产主义前途，揭示了无产阶级的历史使命，找到了工人阶级这一实现深刻社会变革的主体力量，从而使社会主义从空想变成了科学。

　　唯物史观的创立是马克思对人类思想史的划时代贡献。恩格斯把唯物史观看作马克思的第一个伟大发现。列宁认为，马克思的历史唯物主义是科学思想中的最大成果。

　　自古及今，人们都在不断地追问社会发展的原因，探索社会发展的规律和趋势，试图解释人类社会何以产生、何以运行、何以发展的问题，提出了各种各样的看法和观点，形成了形形色色的历史观。但社会历史现象的异彩纷呈、繁茂芜杂，又极大地困扰着人们的思想与心灵，使人们在纷繁复杂的社会历史现象面前往往陷于五里云雾，走入思想迷途。在马克思主义第一个伟大发现产生之前，人类始终陷入唯心主义历史观的思想迷途中而不能自拔。

　　与以往的唯心主义历史观相反，马克思在考察社会历史、寻找社会发展的真实动因时，不是从主观意识、客观精神、上帝、神意或抽象的人性出发，而是从现实的人及其活动出发，从现实的人的物质生活条件出发。在马克思看来，"有生命的个人的存在"是全部人类历史的第一个前提。人们为了创造历史，必须能够生活。为了生活，就必须进行物质生活资料的生产。物质生产是人类的第一个历史活动，是一切历史的基本条件。追求生存发展需要的满足，是人们的一切思想动机背后最深刻的物质根源；人们所从事的物质资料生产，是社会发展的根本原因。人类社会的经济关系，及

6

其派生的政治关系、思想文化关系等一切社会关系都是在物质生产基础上建构起来的，并随着物质生产的发展变化而发展变化；必须从人类生存发展的物质经济基础出发来说明人类社会的发展变化，来说明一切人类社会历史现象。

唯物史观的创立，是人类思想史上的一场伟大革命，它将唯心主义从社会历史领域中彻底清除出去，从而彻底地改变了历史观领域唯心主义占统治地位的状况，实现了自然观上的唯物主义与历史观上的唯物主义的统一，使马克思主义哲学成为彻底的和完备的唯物主义学说。

马克思的思想照亮了历史的时空，使在黑暗中摸索的人们豁然开朗。他所创立的唯物史观作为关于社会发展的根本动因、总体进程、一般规律和必然趋势的学说，反映了社会历史发展规律，一扫笼罩在社会历史领域的神秘的雾霾，为人们提供了认识社会发展规律、求解社会历史之谜的锁钥；代表了工人阶级和广大人民群众的利益，为工人阶级推翻资本主义社会，实现阶级解放和全人类解放，指明了前进的方向和道路。在当时，马克思是最遭忌恨和最受诬蔑的人，各国政府——无论专制政府或共和政府都驱逐他，资产者——无论保守派或极端民主派都竞相诽谤他、诅咒他；同时，马克思又是当代和后世最受尊重、爱戴和敬仰的人，他是全世界工人阶级的精神导师，他的理论成为世界社会主义运动的指南。

马克思主义哲学是由辩证唯物主义和历史唯物主义组成的，是马克思主义政治经济学和科学社会主义的思想基础。

——从马克思主义哲学产生的过程来看，历史唯物主义和辩证唯物主义是同时产生的。马克思在 19 岁时是青年黑格尔派的唯心主义者，大学毕业以后，参加了当时德国的政治斗争。通过实际工作，接触到了当时贫苦的农民和工人，发现了农民和工人的物质利益同统治阶级的物质利益的矛盾关系，而物质利益关系是由生产关系决定的，生产关系最终是由生产力所决定的。历史观的重大突破使马克思从唯心主义转向了彻底的唯物主义，同恩格斯一道创立了辩证唯物主义和历史唯物主义哲学体系。

——从马克思主义哲学整个理论体系的完整性来看，历史唯物主义是整个体系中不可缺少的部分。从整体上看，如果没有历史唯物主义，也就没有完整的马克思主义哲学世界观。有人对马克思主义哲学有一种误解，认为辩证唯物主义解决自然观问题，历史唯物主义解决历史观问题，历史唯物主义只不过是辩证唯物主义在社会历史领域的推广和应用。这实际上贬低了历史唯物主义的地位和作用。列宁认为，辩证唯物主义和历史唯物主义是一块整钢，密不可分，紧密结合在一起，互为前提而存在，构成马克思主义哲学的整个理论体系。人要认识历史，必须运用辩证唯物主义的基本观点和方法分析社会历史现象，辩证唯物主义为历史唯物主义提供了基本的方法和理论前提。没有唯物辩证法作为理论、方法的前提，就不可能有对社会历史的科学说明，不可能有唯物主义历史观；反过来，没有对社会历史过程的唯物的、辩证的理解，特别是对人类物质实践活动意义的认识，就不能彻底解决物质与精神、存在与意识的关系问题，就不能形成辩证唯物主义的科学理论。辩证唯物主义是自然、社会、人类思维一般规律的概括，既涵盖自然观，又涵盖历史观和认识论。在这个意义上说，如果没有历史唯物主义的创立，也就没有辩证唯物主义的最终形成。历史唯物主义和辩证唯物主义的区分只是相对的，它们作为统一的世界观方法论发挥作用，一起构成马克思主义统一而严整的哲学世界观方法论，成为人类认识世界、改造世界的最锐利的思想武器，成为工人阶级及其政党全部活动的哲学基础。历史唯物主义作为马克思主义哲学的组成部分，一方面同辩证唯物主义是一个完整的整体；另一方面，它又具有相对的独立性，具有相对独立的研究对象、研究范畴和理论体系，具有非常重要的意义。

在马克思主义哲学中，历史观与自然观是有机统一的。马克思主义哲学在自然观中坚持物质第一性的唯物主义基本观点；在历史观中，把唯物主义物质第一性的基本观点贯彻到社会历史领域，运用唯物辩证法，指出人们的生产劳动实践创建了人类和人类社会，揭示了人及人类社会发展的根本原因在于社会的生产方式，发现了人类社会发展的客观规律，从而把唯心主义彻底逐出历史唯心主义的避难所。如果只在自然观中坚持唯物主义立场，而在历史观中仍然坚持唯心主义立场，就不是彻底的唯物主义者，只能是半截子的唯物主义者，上半截是唯物主义，下半截是唯心主义。马克思主义哲学是辩证唯物主义和历史唯物主义的统一。

二、旧历史观的根本缺陷
——罗素悖论与旧历史观的认识难题

马克思创立历史唯物主义之前的一切历史观统统都是旧历史观，旧历史观存在不可克服的根本缺陷，分析旧历史观的根本缺陷可以从悖论说起。

在逻辑学发展史上有一个著名的罗素悖论。罗素（Russell，1872—1970 年）是非常有名望的英国现代哲学家和逻辑学家，于 1950 年获得诺贝尔奖。他所进行的罗素悖论研究推进了逻辑学的分支——数理逻辑的发展，为现代计算机和信息科学技术提供了基础理论支撑。悖论是指自相违背而又无解的难题。据说，公元前 6 世纪就有古希腊说谎者悖论，大意是：一个希腊人说，所有希腊人都说谎。如果这句话是假的，那么说这话的希腊人也在说谎，这句话就是真的；如果这句话是真的，那么说这话的希腊人并没有说谎，这句话又是假的。究竟是真还是假呢？这就形成了一个自相背离的悖论。悖论问题一开始并没有引起思想家们的重视。直到 1901 年，罗素发现了"理发师的胡子由谁来刮"的悖论问题，人们才开始对悖论展开深入研究。罗素悖论很简单，讲的是一个小村庄的理发师向村民们宣布了一条不可违背的法规："凡是不给自己刮胡子的人，必须由理发师来刮。"一个聪明的村民问理发师："我的胡子由您来刮，那么您的胡子由谁来刮呢？"这就提出一个深刻的悖论问题：理发师的胡子或者由自己来刮，或者由村民来刮。如果理发师自己刮胡子，按照法规，他的胡子不能由他自己来刮，这同第一种可能性发生矛盾；如果理发师的胡子由村民来刮，按照法规，就必须由理发师刮胡子，这又同第二种可能性发生矛盾。自己刮不行，别人刮也不行，这就陷入了互相违背、二律背反的悖论之中了。罗素悖论至今无解。

旧历史观在对人类及其社会历史产生原因、发展规律和趋势的认识上，似乎也陷入了某种"悖论"。当然，这个

"悖论"由马克思破解了。

自人类和人类社会产生以来，人们一直在苦苦思索一个问题：人类社会几十万年、几万年、几千年、几百年、几十年……进步发展、你争我夺、流血死人、改朝换代、兴盛衰亡……究竟是什么东西决定人们的言行，主宰、推动人类及其社会历史产生和发展？社会历史之谜到底是什么？为了揭开这个谜底，人们苦苦追求，久久找不到正确答案。

在马克思主义新历史观产生之前，对人类历史之谜不外乎有两类答案：

——一类是唯心主义的回答。或是把历史发展归结为神、天命的作用；或是归结为精神的作用。如将历史发展的根本原因归之于上帝、神灵、天命、神意。孔子（前551—前479年）的得意门生子夏（前507年—？）说"死生有命，富贵在天"[2]，人世间的死生祸福、穷达贵贱、贫富寿夭，都是由天命决定的；中世纪的基督教把社会历史理解为从原罪经赎罪到千年王国和最终审判的演进过程，认为这一切都是由上帝安排的，都体现了上帝的智慧与意志；西方有"上帝造人"说、中国有"女娲造人"说……把神作为人类及其社会的创造者、主宰者和历史发展的第一推动者。

如归之于人的理性、情感、动机、意志的主观唯心主义的主观精神决定论，归之于在自然界和人类社会产生之前就存在的、无人身的客观精神的客观唯心主义的客观精神决定论。

在近代哲学史上，德国产生了一批杰出的哲学家，代表人物有康德（Kant，1724—1804 年）、费希特（Fichte，1762—1814 年）、谢林（Schelling，1775—1854 年）、黑格尔（Hegel，1770—1831 年）和费尔巴哈（Feuerbach，1804—1872 年）。在历史观上，他们虽然坚持了唯心主义立场，但有某些突破性进展，构成了马克思主义哲学的理论来源之一——著名的德国古典哲学流派。

18 世纪末 19 世纪初，德国与英、法等先行进入资本主义的国家相比，长期处于分散的、落后的封建割据状态，严重阻碍了资本主义的发展。德国古典哲学正是这一历史条件下德国资产阶级意识形态的哲学反映，是整个德国经济、政治状况的理论反映，一方面反映了德国资产阶级发展资本主义的革命要求，另一方面又反映了迫于强大封建势力的德国资产阶级的软弱性。这种两面性体现在德国古典哲学思想中，一方面主张辩证法或唯物主义，另一方面又坚持唯心主义。这种状况在德国古典哲学三个代表人物——康德、黑格尔、费尔巴哈身上淋漓尽致地表现出来了。康德、黑格尔坚持唯心主义，费尔巴哈则是形而上学唯物主义的代表。

德国古典哲学创始人康德一生都在企图调和唯物主义和

唯心主义，使二者妥协。一方面，他勉勉强强地承认人们之外存在着"自在之物"；但另一方面，他又认为人们对"自在之物"的认识永远停留在表象上而达不到本质，认为"自在之物"是不可能认识的。那么人的认识是从哪里来的？康德主张在人的头脑中存在着一种先于"自在之物"的"先天的认识形式"，认为正是"先天的认识形式"决定了"自在之物"。而这种"先天的认识形式"在伦理道德领域表现为"善良意志"，它是先验的、普遍适用的、永世不变的、至高无上的，从而决定人类社会历史。康德认为历史过程中的一切事件和现象，人们的道德选择和道德行为，都决定于人的理性为道德行为颁布的道德律令，即"绝对命令"。他反对意志他律，主张意志自律，认为人应当完全按照理性为自己订立的法则即道德律令而行动。他说："有两样东西，人们越是经常持久地对之凝神思索，它们就越是使内心充满常新而日增的惊奇和敬畏：我头上的星空和我心中的道德律。"[3] 这就是康德的主观唯心主义先验论的历史观。

　　德国古典唯心主义辩证法大师黑格尔坚持客观唯心主义的"绝对精神决定论"。尽管他已经意识到了人类社会历史的辩证运动规律，但认为在万事万物之上有一个绝对精神，这个绝对精神是自然界和人类历史发展的第一推动者。黑格尔将客观的理性、绝对精神作为世界的本原和历史的主体，认为自然的、历史的和精神的世界的不断运动、变化、转化和发展，都是绝对精神追求自我实现的过程。绝对精神在其发展过程中，经历了逻辑阶段、自然阶段和精神阶段。在逻辑阶段，体现为纯粹概念，具有抽象性的片面性；在自然阶段，体现为自然界，具有物质性的片面性；在精神阶段，体现为人类历史，克服了逻辑阶段和自然阶段的片面性，获得了最全面、最具体、最复杂和最真实的表现。自由是精神的本质，精神的全部发展就是通过自己的活动扬弃外在性而获得自由的过程。在黑格尔看来，理性或绝对精神是社会历史的主体、动力和决定性力量，人不过是理性或绝对精神实现自身的工具和手段。

——另一类是旧唯物主义的回答。唯心主义历史观的答案显然是荒谬的，这就导致一些旧唯物主义哲学家试图从物质上寻找历史的最终原因。一些旧唯物主义者虽然在自然观上坚持了唯物主义立场，但在考察社会历史时，却被社会领域和历史过程的特殊性所迷惑，只是看到了人们从事历史活动的思想动机，而没有进一步探究隐藏在思想动机背后的原因；只是看到了在社会历史领域中起作用的精神动力，而没有发现动力的动力是什么，没有看到隐藏在精神动力背后的物质动因，将精神动力看成社会发展的终极原因，从而在历史观上陷入了唯心主义的泥沼。

18 世纪法国资产阶级启蒙思想家、资产阶级社会学地理学派创始人孟德斯鸠（Montesquieu，1689—1755 年），提出"地理环境决定论"，断言一切民族的道德、政体、法律是由气候、土壤、土地面积大小决定的。他举例说，热带地方的民族缺乏精力与勇气，往往变成奴隶；寒带地方的民族坚韧耐劳，容易保持独立；幅员广大，产生专制；小国寡民，导向民主。他认为，地理环境决定人的理性，人的理性又决定政治、法律制度。孟德斯鸠的地理环境决定论从唯物主义命题出发，又返回到人的理性决定社会存在的唯心主义老路上了。

18 世纪法国形而上学唯物主义者爱尔维修（Helvetius，1715—1771 年）提出"人是环境的产物"的唯物主义命题，然而他所说的环境不是自然环境，不是社会生产方式，而是政治法律制度。他认为制度是由人的理性所决定，从而环境是由人的理性决定的。爱尔维修从唯物主义原则出发，又回到了人的意见决定一切、理性支配世界的唯心主义历史观立场上，陷入了认识"悖论"的恶性循环。

19 世纪德国人本唯物主义者费尔巴哈提出"感性的人"决定论。他看到了神造论的荒谬，看到了唯心主义和形而上学唯物主义的缺陷，提出感性的人、肉体的人决定了历史的发展，似乎他的历史观由神、由纯粹理念回到了人，由唯心主义回到了唯物主义。但费尔巴哈是直观的唯物主义者，他只看到了感性的、肉体的、被动存在的、生物学意义上的人，不懂得物质与精神的辩证法，不懂得人的社会性，不懂得实践的人的能动作用。对于感性的人怎样创造历史说不清楚，提出了人类永恒之"爱"决定人的行动，从而决定人类历史的论断。费尔巴哈看似回到肉体的物质存在的人，但结果又回到了"爱"决定一切的空洞无物的唯心主义历史观。

认为人类历史是神、天命、客观精神或主观精神决定的，肯定是荒谬的，但直观地、简单地把历史创造归结为物质，归结为肉体存在的人，仍然还是回到唯心史观的老路上。承认神或精神为第一动力不对，但直观地、简单地、形而上学地承认物质的原因，甚至承认感性、肉体的人的原因也不对，人类似乎在历史观上陷入了某种认识"悖论"。在马克思主义哲学产生之前，在社会历史领域，基本上是唯心主义旧历史观占统治地位。如果没有马克思创立全新的历史观——唯物史观，人类对自身的认识、对社会历史的认识，还会在旧历史观的认识"悖论"中打转转，还会在黑暗中摸索。

综观一切旧历史观，有两个根本缺陷：一是从思想原因而不是从物质经济根源，来说明人类历史活动的动因和社会发展的动力，这就是旧历史观的思想动机论。二是只看到少数历史人物的作用，忽视人民群众是真正的历史主人，抹杀了人民群众在历史发展中的决定作用，这就是旧历史观的英雄史观。英雄史观看不到人民群众创造人类历史、推动社会进步的动力作用，将历史发展的根本原因归之于帝王将相、英雄豪杰的个人意志，认为一个好念头可以使国泰民安，一个怪想法可以使国破家亡、生灵涂炭。英雄史观说到底还是唯心史观。

要走出唯心史观的认识怪圈，既要把唯物论贯彻到历史领域，彻底解决物质第一性和精神第二性的哲学基本问题，又要把辩证法贯彻到历史领域，科学地解决精神对物质的反作用问题，认识到人的主观能动性，认识到社会历史是一个物质与精神相互作用的辩证发展过程。把唯物论和辩证法有机地结合起来，彻底贯彻到历史领域，才能克服旧历史观的根本缺陷，把唯心史观逐出社会历史领域。

在自然界中起作用的是没有人和人的意识参与的、自发的、被动的力量，而在社会历史中起作用的是有思想、有意识、有目的的人，每一个社会现象都留有人的意志的轨迹和烙印。这就很容易造成一种假象，似乎个别英雄人物决定了历史发展，而最终又是英雄人物头脑中的思想动机支配了历史发展，这就是旧历史观永远走不出来的认识悖论，其解不开的死结就是对人在历史活动中的主观能动性、思想意识的作用缺乏科学的认识。社会规律同自然规律不一样，它始终同有意识、有目的的人联系在一起，社会历史离不开人的自觉活动。

夸大社会历史发展过程中人的主观能动性，肯定会得出唯心主义的结论；简单地承认物质是第一性的，把人看作被动的、无意识的自然物，把社会规律完全等同于自然规律，看不到人的自觉活动在历史发展中的创造性作用，表面上看，虽然坚持了唯物主义原则，但实际上却无法说明社会历史的客观规律，最终仍然还是陷于唯心主义的解释。

唯心主义哲学坚持精神是第一性的，当然不可能确立科学的历史观。譬如黑格尔唯心主义哲学，尽管不像神学历史观那样，把人和人类社会说成是上帝和神的作用结果，而且还在历史领域贯彻了辩证法思想，揭示了人类社会历史发展的辩证规律，但只不过是"头脚倒立"地揭示了社会历史发展的客观规律，最终认为绝对精神是社会历史发展的第一推动力。

有些杰出的旧唯物主义者在历史领域坚持了物质第一性的观点，却不懂得历史辩证法，不懂得精神的能动的反作用，从直观的唯物主义立场出发来分析人类社会历史，把历史动力归结为某种僵硬的、被动的自然物，最终又返回到唯心主义的历史观点上。孟德斯鸠、爱尔维修和费尔巴哈就是如此。19 世纪法国复辟时代的历史学家梯叶里（Thierry，

1795—1856 年）、基佐（Guizot，1787—1874 年）、米涅
（Minie，1796—1884 年）和梯也尔（Thiers，1797—1877 年）
等人看到了阶级斗争在社会发展中的作用，并试图探讨阶级
斗争的经济根源。他们认识到财产关系是一个国家政治制度
的基础，而财产关系是由什么决定的呢？财产关系应当由
生产关系所决定，而生产关系又是由生产力决定的。他们认
识不到这个道理，不得不用"征服"来解释财产关系及其起
源，再用人性来说明征服。他们认为在人的本性中有一种征
服欲、统治欲，正是人性的征服欲决定了财产关系。这样一
来，他们又退回到精神决定历史发展的老路上了。

搞清楚旧历史观似乎不可解的认识"悖论"的症结所
在，就可以进一步搞清楚马克思是从哪里入手破解旧历史观
所无法解决的认识难题，为人们找到摆脱唯心史观羁绊的科
学认识，创立人类思想史上的新历史观。

三、社会历史观的基本问题
——从"灵魂不死"说起

哲学基本问题，即思维与存在，也就是精神与物质的关
系问题，源于远古时代人类关于人死之后灵魂是否存在的思

考。人死了，灵魂是否还存在？"灵魂不死"的问题，是有了人和人类思维开始，就一直在思索的问题，这就引出了关于"灵魂与外部世界的关系"问题的人类原初之问。随着人类认识的发展，这个问题逐渐由灵魂崇拜的原始迷信演化为社会意识与社会存在的关系问题，同时已构成了思维与存在、精神与物质的关系问题。历史观的基本问题与哲学的基本问题是一致的。只有破解了社会历史观的基本问题，才能战胜唯心史观，成功地创立唯物史观。

社会意识和社会存在的关系问题是社会历史观的基本问题，是哲学基本问题——思维与存在的关系问题在社会生活领域的体现。

社会意识和社会存在的关系包括两层含义：一是谁决定谁，谁是第一性的问题。唯物史观的回答是，社会存在决定社会意识，而不是社会意识决定社会存在，唯心史观则恰恰相反。

二是社会意识与社会存在的同一性问题。唯物史观认为，社会意识反映和认识社会存在，社会意识具有相对独立性，并在一定条件下，对社会存在有一定的反作用；社会存在与社会意识可以依一定条件相互转化。

"物质可以变成精神，精神可以变成物质"[4]，讲的就是社会存在与社会意识的同一性问题。正确的理论一旦为群众所掌握，就可以转化为巨大的能动的物质改造力量，人民群众的物质的能动的实践活动又可以创造强大的精神财富和精神力量。比如，人民群众在社会实践中创造的正确的理论观点、好的文学艺术等精神作品，可以武装人的头脑，鼓舞人的精神，指导人们能动地改造客观世界。

形形色色的不可知论否定社会意识与社会存在的同一性，认为社会意识不可以反映并指导人们能动地改造社会存在。在社会历史领域，任何不可知论的最终结局是陷入唯心史观的泥沼。庸俗唯物论则不认为社会意识具有相对独立性，否认社会意识对社会存在的反作用，不承认社会意识可以转化为物质力量。

社会意识和社会存在关系问题的科学解决，奠定了历史唯物主义大厦的理论基础，是历史唯物主义理论体系的总纲。

社会存在决定社会意识的原理，为揭开人类社会历史之谜，科学认识人类社会发展规律，破除旧历史观的一切错误观点，建立全新的历史观，打下了第一块牢固的基石。恩格斯指出："人们的意识取决于人们的存在而不是相反，这个原理看来很简单，但是仔细考察一下也会立即发现，这个原理的最初结论就给一切唯心主义，甚至给最隐蔽的唯心主义当头一棒。关于一切历史的东西的全部传统的和习惯的观点都被这个原理否定了。政治论证的全部传统方式崩溃了。" [5]

唯物史观关于社会存在和社会意识关系原理的确立，宣告了历史唯心主义旧历史观的彻底破产。

社会存在和社会意识是唯物史观最基本的范畴，是对人们的物质生产和生活过程、精神生产和生活过程两个方面的最一般的概括。

社会存在是人们的物质生产、生活条件和过程，主要是物质资料的生产条件和过程，以及人们在这种过程中结成的物质的社会关系。地理环境、人口和物质生产方式是社会存在的三大要素。

——地理环境包括地理条件、气候条件、生态环境、自然资源等，它提供生产和生活资料的来源，是人类社会存在和发展的必要的物质前提。人们通过劳动创造财富，但如果只有劳动，而没有劳动对象，没有地理环境所提供的各种资源，劳动也无法创造出财富来。正如马克思所说："劳动不是一切财富的源泉。自然界同劳动一样也是使用价值（而物质财富就是由使用价值构成的！）的源泉，劳动本身不过是一种自然力即人的劳动力的表现。"[6] 地理环境通过影响生产布局和产业结构，而对社会发展起着加速或延缓作用。

——人是社会生产和社会生活的主体，是人类社会历史发展能动的自然要素，人口的数量、密度、素质、结构等对于社会的发展具有重要作用。

——**物质资料的生产方式则对社会的存在和发展具有决定性的作用**。人们在物质生产过程中，一方面，要运用劳动资料作用于自然界，与自然界进行物质变换，从而形成现实的生产力。而为了进行物质生产，就必须进行分工协作，形成人与人之间的经济关系即生产关系。而一定的生产力和一定的生产关系的有机统一，就构成了作为社会存在和发展的决定力量的生产方式。物质资料的生产方式决定着社会的结构、性质和面貌，有什么样的生产方式便有什么样的社会形态；物质资料的生产方式发展变化决定整个社会历史的发展变化和社会形态的更替。

社会意识是人们的精神生产和生活过程，是社会存在的反映。

从意识的主体性质来说，包括个人意识和社会意识；从意识的内容特征来说，包括低级形式的意识，即社会心理，还有高级形式的意识，包括观点、思潮、思想、学说等意识形态的内容。社会心理是人们的感情、态度和欲望，这是一个心理状态的东西，不是理性状态的东西。社会心理又包括个体心理和群体心理两方面。个体心理就是个人的心理态度，群体心理就是群体的共同的心理态度。高级形式的意识实际上是观点、思潮、思想、学说等上升到理性高度的意识，即上层建筑中的意识形态部分，以及自然科学、语言学、逻辑学等非意识形态部分。哲学属于意识形态。社会意识是由社会存在决定的，是社会存在的反映。社会意识的全部内容都是由社会存在决定的，人类社会意识的发展变化，归根结底是由社会存在的发展变化决定的。在阶级社会中，每一种阶级意识都是特定阶级、阶层、集团等的地位和根本利益的反映。

社会存在与社会意识关系的原理告诉我们：

——社会存在是唯物史观的基本出发点。社会存在决定社会意识，只能从社会存在，主要是从社会生产方式出发，从经济基础出发，来说明上层建筑，来说明社会意识，来说明社会历史，而不是相反。

——生产的观点是历史唯物主义的核心要点。人类的社会生产创造了人和人类社会，既是促进社会形成的决定性力量，又是社会有机体赖以存在的基础。

——社会基本矛盾理论是历史唯物主义的基本原理。马克思提出了科学的生产关系范畴，把生产关系的发展归结为生产力的最终作用，把生产关系总和概括为社会经济基础，又形成了基于经济基础之上的、为一定经济基础服务的上层建筑范畴，内在地发现了它们之间的全部运动关系，从而找到了说明全部社会问题的科学基础。生产力与生产关系、经济基础与上层建筑，构成了社会有机体的基本框架和要素，它们之间对立统一的矛盾运动，是社会历史的基本矛盾，推动着人类社会不断地向前发展。

——阶级和阶级斗争、国家和社会革命理论，是唯物史观的重要思想。在阶级社会中，社会基本矛盾在人与人的关系上表现为阶级矛盾。有阶级必然就有阶级差别、阶级矛盾和阶级斗争。阶级斗争的结果是统治阶级建立军队、法庭和监狱，于是国家便出现了，国家是阶级统治的工具。社会革命是革命阶级夺取国家政权，推翻旧的国家制度，建立新的国家政权的社会变革。阶级、阶级斗争，国家和社会革命的理论是历史唯物主义对阶级社会的科学解读。

——群众观点，是唯物史观的主要观点。人民群众是历史的创造者。一切从人民群众的利益出发，一切为了群众，一切依靠群众，从群众中来，到群众中去，是从唯物史观得出的必然结论。

历史唯物主义坚持社会存在决定社会意识，同时也重视社会意识的相对独立性及其对社会存在的反作用。

唯物史观认为，社会存在是第一性的，决定社会意识，并不等于否定社会意识的能动性。社会意识的能动性表现为社会意识的相对独立性，可以超前或落后于社会存在。比如，我国虽然处在社会主义初级阶段，但我们共产党人所遵循的马克思主义世界观、共产主义远大理想，已经超越社会主义初级阶段，具有一定的先进性和前瞻性。我国社会主义初级阶段占统治地位的是以公有制为主体、多种所有制并存的经济基础，封建土地私有制的经济基础已经不复存在了，但是根深蒂固的封建主义思想残余仍然在思想文化领域存在，具有一定的滞后性和落后性。

社会意识的能动性还表现为对社会存在的反作用力，这种反作用力有积极作用和消极作用两个方面。正确的社会意识指导是社会发展的正能量，错误的社会意识指导是社会发展的负能量。社会意识的积极作用表现为先进的社会意识可以指导人们的社会实践，社会意识的消极作用表现为落后的社会意识可以误导人们的社会实践。在实际工作中，忽视或否认社会意识的积极作用，不重视理论的指导作用，不重视思想道德的作用，就会陷入形而上学、机械论，而否认社会存在对社会意识的决定作用，片面地夸大社会意识的作用，则会陷入唯意志论、唯我论。在"文化大革命"期间，"四人帮"反党集团在哲学上片面夸大社会意识的反作用，大肆鼓吹"天才论""精神万能论"和"上层建筑决定论"等，从根本上颠倒了社会存在与社会意识的关系，造成唯心主义泛滥，严重破坏了我国社会主义建设事业。

在马克思主义产生之前，不论唯心主义还是唯物主义，一切旧历史观都不能解决历史领域社会存在与社会意识的关系问题。

列宁在揭露唯物史观产生之前旧历史观的重要缺陷时，揭示了旧历史观的认识根源。列宁指出："发现唯物主义历史观，或者更确切地说，把唯物主义贯彻和推广运用于社会现象领域，消除了以往的历史理论的两个主要缺点。第一，以往的历史理论至多只是考察了人们历史活动的思想动机，而没有研究产生这些动机的原因，没有探索社会关系体系发展的客观规律性，没有把物质生产的发展程度看作这些关系的根源；第二，以往的理论从来忽视居民群众的活动，只有历史唯物主义才第一次使我们能以自然科学的精确性去研究群众生活的社会条件以及这些条件的变更。"[7]旧历史观正是利用和夸大了人类社会历史中人的主观能动性的特殊作用，从而把意识、精神当作历史发展的决定性力量，把少数英雄豪杰说成历史的真正主人，进而把神力、精神力量说成历史的终极动力，没有看到物质生产和生活过程的决定作用、物质生产力对人及其社会发展的决定意义，没有看到人民群众在历史发展中的作用。

唯心主义之所以在历史观上占据统治地位，不仅有认识根源，还有社会历史的、阶级的原因。无限夸大人的主观能动性无疑是一切唯心主义旧历史观的认识根源，而剥削阶级的偏见是旧历史观不可能客观地观察社会历史现象的阶级局限。从社会客观条件来说，生产规模的狭小也限制了人们观察历史现象的眼界。

在资本主义大工业出现之前，生产落后、经济发展缓慢，阶级关系被等级制度所掩盖，人们很难从复杂的社会现象中找出阶级原因，再从阶级原因背后找出历史的经济根源，即从物质生产资料生产的发展中找到历史发展的真正动力。19世纪40年代，世界社会历史条件发生了根本变化，资本主义大生产的迅猛发展引起社会生活的深刻变化，把社会历史的因果联系、重大历史事件的经济根脉暴露出来，使得资产阶级和无产阶级两大阶级关系简单化、明朗化，这就为彻底揭开历史之谜提供了客观可能性。工人阶级作为独立的、代表先进生产力和先进世界观的先进阶级登上政治舞台，对历史的考察必然采取科学的态度。这些主客观条件的具备，使唯物主义新历史观代替唯心主义旧历史观成为可能。

四、社会生活在本质上是实践的
——解开人类历史奥秘的金钥匙

人和人类社会是从哪里来的？是怎样产生、变化和发展的？怎么解释说明人类社会的一切现象和问题？一句话，如何破解旧历史观的认识"悖论",如何揭开人类社会历史之谜?这就要找到打开人类历史秘密之门的金钥匙。这把金钥匙就是马克思所创立的实践(首先是生产劳动实践)范畴,正如恩格斯所说:"在劳动发展史中找到了理解全部社会史的锁钥的新派别。"[8]

马克思主义新历史观正是在解决社会历史基本问题的前提下,揭示了实践在人类产生及人类社会的形成、发展过程中的地位和作用,才得以创立。

马克思主义唯物史观突破旧历史观的所谓认识"悖论"禁锢,面临的第一个认识问题是:必须首先解决在社会历史领域怎样坚持存在决定意识这个唯物主义原则的问题。然而,解决了存在第一性、意识第二性的问题,并不等于解决了对全部历史的科学认识问题。这就要同时解决第二个认识问题:必须找到在社会历史领域存在与意识相互作用的结合点和突破口。

一切旧历史观,包括旧唯物主义的历史观,都是唯心主义历史观。马克思是通过什么途径,从哪里开始克服旧历史观的根本缺陷,建立唯物主义新历史观的?法国 18 世纪唯物主义的历史观认为"人是环境的产物",然而又陷入"意见支配世界的矛盾";空想社会主义历史观看到了生产因素在社会发展中的作用,然而逃脱不了人类历史是理性进化的历史唯心主义结论；法国复辟时代历史学家发现了阶级斗争在社会发展中的作用，并试图探讨阶级斗争的经济根源，然而却用征服来说明经济关系，并且用历史之外的人性来证明征服的起源；黑格尔把绝对精神说成是社会历史的动力，在唯心主义前提下，纠正意见支配世界的观点，企图从历史本身，而不是从历史之外去寻找历史发展的动因，但最终回归到绝对精神上；费尔巴哈表面上把历史归结为人的历史，但由于他讲的人是抽象的人，因而历史也不过是抽象的人的本质的历史，还是陷在唯心史观的老圈子里。尽管他们都在力图找寻历史的动因，但终又回到精神动因的解释上。这说明有一个基本认识问题需要解决，只有解决了这个认识问题，才能克服旧历史观徘徊不前的状况。

怎样才能找到既克服唯心主义、坚持唯物论，又克服形而上学、坚持辩证法，走出唯心主义泥坑的逻辑起点呢？吸取旧历史观失败的教训，在考察社会历史发展规律时，既要考虑到社会历史发展的物质原因，又不能囿于旧唯物主义的物质动因说，而要寻找与人的主观能动性相联系、相一致的物质根源。也就是说，要找到既体现社会历史发展规律的客观物质性，又体现出人的历史活动的能动性，二者统一于一体的社会历史范畴，才能最终摆脱唯心史观的束缚。

旧唯物主义的历史观坚持物质存在第一性的原则，但为什么在历史观上却仍然是唯心主义的呢？马克思在《关于费尔巴哈的提纲》中指出："从前的一切唯物主义——包括费尔巴哈的唯物主义——的主要缺点是：对对象、现实、感性，只是从客体的或者直观的形式去理解，而不是把它们当做人的感性活动，当做实践去理解，不是从主体方面去理解。"[9]

马克思创造性地提出了社会实践观点，彻底破解了由旧历史观，特别是旧唯物主义的历史观向新历史观转变的理论难题，第一次从根本上批判了一切旧历史观的局限性，第一次把社会实践当作历史（辩证）唯物主义的基本范畴提出来，说明实践是社会生活的基础，是人类社会生活的本质，从而把社会历史的第一前提看作现实的个人所从事的物质生产活动实践，把社会发展更看成人的物质生产实践的活的历史，看成进行物质生产资料生产的劳动群众实践史，从而找到了说明社会历史现象的逻辑起点，揭示了社会历史的客观规律。

马克思主义哲学认为，旧的唯物主义的历史观，包括费尔巴哈人本主义历史观的认识缺陷是：看不到社会实践的作用，离开社会实践去理解客观事物、理解人，因而只能形而上学地把人与环境对立起来。他们把客观世界仅仅看成了人的认识对象，而不是人的改造对象；把人看成单纯的、被动的感性客体，而没有看成是从事实践活动的人，忽视了人对客观外界的能动的改造活动；看不到人们对客观世界的认识是在改造客观世界中形成的。他们在认识上，对人类社会历史现象只是从客体的或者直观的方面去理解，而不是从主体方面、从主客体对立统一方面来认识人及人类社会，没有把人类社会历史当作人的感性活动，当作人的社会实践来理解。旧唯物主义只看到人受制于自然环境，把人看作纯自然的、环境的受动者，是摆脱不了唯心主义的纠结的。譬如，拉美特利（La Mettrie，1709—1751 年）认为人是机器、人是自然产物，只看到了人的自然属性的一面。费尔巴哈似乎比他的前辈们高明，把人看作一个有血有肉、有意识、有理性的感性存在物，认为人是感觉的动物，是感性客体，但他不懂人的感官是长期实践的结果，人及人类社会是长期实践的产物，不懂得人不仅是感性的客体，而且还是感性的主动者，只能从人的自然肉体自身来认识社会历史规律。费尔巴哈一类旧唯物主义思想家自以为从自然客体角度解释人是最"唯物"不过的了，可是，最终不可避免地退回到"爱"支配环境、理性决定一切的老路上去。黑格尔紧紧抓住了旧唯物主义的这个"小辫子"，看到了人的能动性，单纯从主体方面去考察人，唯心主义地扩大、发展了人的主观能动的方面，必然陷在唯心主义的泥坑里。一切旧历史观，无论唯心主义的，还是旧唯物主义的，无论是从客体方面来认识人与社会，还是从主体方面来认识人与社会，之所以在社会历史问题上陷入历史唯心主义的泥坑，逃脱不了唯心主义的厄运，认识论上的一个重要原因，就是在人与外部环境的关系上，在存在与意识的关系上，不能从主—客体统一的角度来考察、来说明；之所以不能从主—客体统一的角度来说明问题，就是没有找到人的社会实践这个联结主—客体的关键环节。马克思确立了实践在社会生活中的地位，跳出一切旧历史观的认识怪圈，开启了正确认识人及人类社会之谜的大门。

马克思新历史观的革命意义在于把革命实践理解为"改变世界"的物质的能动的活动，认为"社会生活在本质上是实践的"[10]。实践是人的有意识、有目的、物质的能动活动，是人积极改造世界的能动的物质活动。

旧历史观，包括费尔巴哈人本主义历史观在内，就是因为离开实践去观察社会生活，因而无一例外地都陷入唯心史观。坚持实践的观点，也就在社会历史领域坚持了物质第一性的唯物主义原则。**人既是实践的主体，又是实践的客体。人是能动的实践活动的主体，人自身、其活动内容都是客观的、物质的，人同时又是社会实践的客体，即实践对象，人本身就是社会实践的产物，是社会实践改造并创造的客体，人的实践过程就是人与物质世界的物质、能量、信息的交换过程。人既是自然和社会环境的产物，**

又是自然和社会环境的创造者。人们所生活的物质生活环境（包括人们生活于其中的现成的自然环境，经过人们改造的自然环境，以及人们所创造的社会环境）是人们实践的结果，人类社会历史的发展过程就是人类社会实践的过程；人不断地改造客观环境，客观环境也不断地改造人。人的社会实践过程既有主体性质，又有客体性质，人的实践过程就是能动的主客体统一的发展过程，人们在改造客观世界的实践活动中，不断地改造作为客体的自身，人和人类社会永远不是一个样子，这就在社会历史领域坚持了唯物主义辩证法的原则。只有从人的物质实践活动这个基本前提出发，才能正确认识人及人类社会。把劳动实践作为揭开社会历史秘密的逻辑起点，既能避免机械的、庸俗的唯物主义，又能避免唯心主义。

马克思主义新历史观认为，人要满足自身生存的生命需要，必须从事物质的生产劳动活动，通过生产过程改造自然，从大自然中获取生活资料，人的生产劳动实践是人类第一个历史活动，是人类的最基本的实践活动。

只有从劳动实践入手，才能找到人及人类社会何以产生的真正原因。人是劳动的产物，劳动创造人、改造人。人既是劳动的客体和对象，同时又是劳动的主体。劳动实践既是社会的客观物质力量，又高于一般物质力量，是有精神活动的、有意识的、能动的主体力量的客观运动。劳动充分体现出物质与精神、存在与意识、主体与客体、客观规律的物质性与人的主观能动性的辩证统一，充分体现出人民群众的物质力量。

恩格斯在《劳动在从猿到人转变过程中的作用》一文中，运用马克思主义的实践观科学地说明了劳动使猿变成人的作用，从劳动实践概念入手，认识到人类的劳动实践活动创造了人和人类社会，科学地说明了人类及其社会的起源和发展。

全世界的考古学家在世界各地对猿人化石的不断发现，从实证的角度证明了马克思主义劳动实践使猿变成人的科学论断，确凿无误地证明了新历史观的科学性。1901 年，荷兰籍医生、解剖学家杜布瓦（Dubois，1858—1940 年）在爪哇梭罗河边发现了一种已灭绝了的生物的遗骨化石，它具有人和猿的两重生活构造特征。杜布瓦把它命名为"直立猿人"，认为这是从猿到人的过渡阶段的中间环节之一。这一发现和命名立即在全世界引起了一场关于人类起源的激烈争论，这场争论一直到 1929 年 12 月发现了北京猿人才宣告结束。1921 年 8 月，瑞典地质学家安特生（Andersson，1874—1960 年）、美国古生物学家格兰阶（Granger，1872—1941 年）和奥地利古生物学家师丹斯基（Zdansky，1894—

1988 年），在北京周口店龙骨山发现了北京人遗址。从 1921
年起，中国考古学家对遗址进行发掘，陆续发现了不少古
人类化石，还有大量的石器和石片，共 10 万多件。特别是
1929 年 12 月 2 日，发掘到第一个头盖骨，它很像人的头盖
骨。后来又发掘了 5 个北京猿人头骨化石。经过研究，确认
这是 50 万年前猿人的头盖骨，定名为"中国猿人"或"北
京猿人"，在人类分类学上叫直立人。北京猿人身材粗短，
男性身高约 156 厘米，女性身高约 144 厘米。前额低平，眉
骨粗大，颧骨高突，鼻子宽扁，嘴巴突出，头部微微前倾，
脑量平均仅有 1000 多毫升。当时的北京猿人已经学会制造
骨角器以及使用火和保存火种。北京猿人尚属直立人，还存
有古猿的特征。遗憾的是，新中国成立前所发现的北京猿人
化石材料，特别是其中 5 个完整的头盖骨，1941 年 12 月太
平洋战争爆发的时候，被弄得下落不明了。新中国成立后，
经过我国科学工作者的努力，又在周口店发掘到许多北京猿
人的材料。特别是在 1966 年，又挖掘出一个头盖骨。北京
猿人的整体发现，揭示了从猿到现代人转化的中间状态。科
学家将同一进化程度的人类统称为猿人，猿人是从猿到人
的过渡阶段的中间环节之一，恩格斯称之为"完全形成了的
人"。猿人分为早期猿人和晚期猿人。属于早期猿人的人类
的化石，有 1960 年在东非坦桑尼亚西北部发现的"能人"，

1972 年在东非坦桑尼亚特卡纳湖发现的 knmer1470 号人等，他们生活在距今 170 万年至 300 万年之间。属于晚期猿人有印度尼西亚的爪哇直立人、莫佐克托人，欧洲的海德堡人，我国的元谋人、蓝田人、巫山人和北京猿人等，生活在距今 50 万年至 200 多万年之间。

后来中国考古工作者又在北京猿人遗址顶部洞中发掘了山顶洞人，山顶洞人则属于晚期智人，比北京猿人智商更高。虽然山顶洞人仍用打制石器，但已掌握了磨光和钻孔技术。他们靠采集、渔猎为生，已学会人工取火，用骨针缝制衣服，并能走到很远的地方同别的原始人群交换生活用品。女性在社会生活中起着主导的作用，按母系血统确立亲属关系。一个氏族有几十个人，由共同的祖先繁衍下来。他们使用共有的工具，共同劳动，共同分配食物，没有贫富贵贱差别。山顶洞人的体质已有很大进步，脑量已达 1300—1500 毫升，男性身高约为 174 厘米，女性身高约为 159 厘米。这些特征和现代人已基本一致了。从北京猿人和山顶洞人可以看出，即使在原始社会，人与社会的生存与发展也是以制造和使用工具、进行物质资料生产为基础的，它决定着人类体质和脑力的发展状况，决定着人类的生存与社会的发展状况。以生产工具为主的劳动资料不仅是人类劳动力发展的测量器，也是劳动借以进行的社会关系的指示器。原始社会与现代社会在发展程度上是不可比拟的，但在物质生产的决定性与社会发展的规律性问题上，原始社会与现代社会又是相通的。我们要研究社会发展的历史，探究社会发展的规律，就不能不从物质生产劳动入手，从人们的经济关系开始。

自然界是人与人类社会产生、存在和发展的先在条件，人产生于自然界并与自然界一起发展起来。没有自然界，人类就不能产生，也不能生存和发展。人类社会与自然界紧密相连，人类社会的发展规律受整个物质世界的运动规律所制约和支配。但人类并非自然界自然而然的产物，而是劳动的产物；人类并非靠本能被动地适应自然，而是自觉能动地改造自然；社会发展的最终决定力量不是精神、意志、神灵，而是作为人类改造自然、满足自身生存与发展需要的能力的生产力，是人的劳动实践。

劳动是人类自我创生的方式。人是自然界长期进化的最高产物，又是生产劳动的产物。距今七八百万年以前，由于地形和气候巨大变化的影响，原先茂密的森林逐渐变得稀疏，林中空地不断扩大，最终被草原所取代。生活在这里的一些古猿逐渐由树栖生活转到地面生活，最终进化成人类；而继续留在森林中的古猿则进化成了类人猿。古猿来到空旷的地面上生活，逐渐能够使用树枝和石块等防御猛兽袭击，挖掘植物根茎食用。在这个过程中，古猿的身体结构发生了重大变化，最重要的是由四肢行走变为两足直立行走，使前肢从用来行走和支持身体中完全解放出来，为进行各种活动创造了条件，同时也为脑的进一步发展和增大创造了条件。人类祖先在使用天然工具的过程中，逐渐学会了制造工具。在制造和使用工具、从事共同劳动的过程中，其大脑越来越发达，并逐渐产生了语言，形成了人类社会。制造和使用生产工具进行物质生产劳动，一方面改造了自然，获得了生存发展的物质资料；另一方面也改造了人自身，成为有别于动物的有目的、有意识的社会性的存在物。

劳动是人类社会产生与发展的根据。现实的人的存在是人类历史的经常性的前提，也是劳动以及其他历史活动的经常性的结果。马克思正是在劳动发展史中，才找到理解全部社会史的锁钥，这样也才能理解"整个所谓世界历史不外是人通过人的劳动而诞生的过程"[11]。人们为了创造历史，必须能够生活，而为了生活，必须进行物质生产。为了进行物质生产，就必须结成一定的经济关系，进而结成政治关系、思想文化关系等一切社会关系，以交换其活动、实现其利益。由于人的主体能力的不断提高，活动范围的不断扩大，活动程度的不断加深，同时更由于人的生存与发展需要创造越来越多的社会财富，因而劳动是需要反复进行和发展深化的。由于以物质生产劳动为基本活动的社会实践的反复进行，由于劳动的需要而产生的越来越复杂的社会分工，必然创造出越来越复杂而完善的社会关系。

——劳动实践是人的生命存在和全部社会活动的前提和源泉。马克思说过："任何一个民族，如果停止劳动，不用说一年，就是几个星期，也要灭亡，这是每一个小孩都知道的。"[12] 作为生命存在的人首先必须解决吃、穿、住的问题，因此只有生产生活资料的劳动，才能解决人的生命存在的问题。劳动创造了人类生活所必需的全部物质条件和精神条件。

——劳动实践是人类全部社会关系形成和发展的基础。劳动不仅生产出为人们社会生活所必需的全部生活资料，而且同时也生产着人与人之间的社会关系。人们首先在劳动中结成一定的生产关系，由此才产生人们之间其他的生活的、思想的、伦理的、家庭的关系，人的复杂的社会关系就是在劳动的基础上形成的。

——劳动实践是人类历史发展的基始推动力。在劳动这个人类最初的最基本的社会实践形式中，从一开始就包含有机体未来发展的一切萌芽，预示着社会物质生活和精神生活从低级向高级的发展。人的劳动实践创造是促使社会历史发展的根本推动力量。

五、自原始公社解体以来的人类历史 都是阶级斗争的历史
——毛泽东与梁漱溟的一场争论

自原始共产主义社会解体以来，迄今为止存在剥削制度的社会都是阶级社会，阶级、阶级矛盾与阶级斗争的存在是阶级社会的客观事实，阶级斗争是阶级社会发展的直接动力，阶级和阶级斗争理论是马克思主义哲学的基本原理。

1938 年 1 月的一个冬夜，在延安的一间窑洞里，毛泽东与来访的传统文化代表梁漱溟（1893—1988 年）进行了一场颇具意义的争论。争论从梁漱溟的《乡村建设理论》开始。梁漱溟提出，"中国的社会贫富贵贱不鲜明、不强烈、不固定，因此阶级分化和对立也不鲜明、不强烈、不固定。这种情况在中国历史上延续了一二千年，至今如此"[13]，因而不必发动社会革命，只需进行改良主义的"乡村建设"。相反，毛泽东认为，当时的中国农村无疑是封建社会，存在着尖锐的、不可调和的阶级矛盾和阶级斗争，走改良主义道路是行不通的，只有通过彻底的革命才能解决中国问题。至天明，这场争论依旧在进行，谁也没有说服谁。最后，毛泽东对梁漱溟说："我们今天的争论可不必先作结论，姑且存

留听下回分解吧。"[14] 11 年后，毛泽东领导的中国革命取得了辉煌的胜利，为这场争论画上了圆满的句号，也使梁漱溟心悦诚服。回顾这场争论，可以发现，是否科学地认识到阶级、阶级矛盾和阶级斗争及其在社会发展中的作用，不仅关系到能否从总体上把握中国社会面貌，而且也关系到工人阶级政党能否制定出正确的路线方针政策。

阶级是客观存在着的一种社会现象，阶级与阶级斗争理论是马克思主义的一个基本观点，然而最早发现阶级和阶级斗争的，并不是马克思和恩格斯。马克思主义的伟大之处不在于承认不承认阶级与阶级斗争，而在于在阶级与阶级斗争问题上提出了超越资产阶级思想家的唯物主义历史观的科学认识。坚持马克思主义阶级和阶级斗争理论是一个基本立场和基本方法问题。

自从人类社会进入奴隶社会，经过封建社会，到资本主义社会，在这漫长的历史长河中，一直存在阶级、阶级差别、阶级矛盾和阶级斗争。在奴隶社会和封建社会，阶级和阶级斗争事实被纷杂的社会矛盾、森严的等级制度等表面的社会现象所掩盖，再加上统治阶级的欺骗宣传，不易被人们所认识。到了近代资本主义社会，随着大工业发展，阶级关系变得越发简单明了，各个阶级同经济活动的联系更直接、更明显。正如《共产党宣言》所指出的那样："资产阶级撕下了罩在家庭关系上的温情脉脉的面纱，把这种关系变成了纯粹的金钱关系。"[15] 这就为人们正确认识阶级与阶级斗争提供了客观条件。

在马克思之前，资产阶级思想家已经发现资本主义社会中有阶级的存在，发现了各阶级之间的斗争。

马克思曾说过："无论是发现现代社会中有阶级存在或发现各阶级间的斗争，都不是我的功劳。在我以前很久，资产阶级历史编纂学家就已经叙述过阶级斗争的历史发展，资产阶级经济学家也已经对各个阶级作过经济上的分析。"[16] 英国资产阶级古典经济学的重要代表人物亚当·斯密（Adam Smith，1723—1790 年）和大卫·李嘉图（David Ricardo，1772—1823 年），第一次从经济上揭示了资本主义社会的阶级结构和阶级分野。他们认为，资本主义社会有三大基本阶级：地主阶级、工人阶级和资产阶级，他们分别以土地地租、劳动工资和资本利润为其经济收入；同时，揭示并说明了阶级以及阶级之间的经济对立。梯叶里、基佐、米涅等已经叙述了中世纪以来阶级斗争的历史发展，指出这是理解中世纪以来法国历史的钥匙，是当时历史发展的动力。19 世纪空想社会主义者也意识到了阶级与阶级斗争，恩格斯认为圣西门（Saint-Simon，1760—1825 年）"认识到法国革命是贵族、资产阶级和无财产者之间的阶级斗争，这在

1802 年是极为天才的发现" [17]。但由于他们都是站在唯心史观的立场上，并不认识资本主义生产方式的内在矛盾，不可能揭示阶级产生的根源和消灭的途径。

马克思主义的功劳仅仅是科学地说明了阶级和阶级斗争问题。

资产阶级思想家既不能科学揭示阶级产生的根源，当然也不可能指出消灭阶级的正确途径。对阶级进行科学认识，这一任务是由马克思来完成的。在资产阶级思想家已有的思想成果基础上，马克思在给约瑟夫·魏德迈（Jose-pheyde meyer，1818—1866 年）的信中谈到，关于阶级和阶级斗争，"我所加上的新内容就是证明了下列几点：（1）阶级的存在仅仅同生产发展的一定历史阶段相联系；（2）阶级斗争必然导致无产阶级专政；（3）这个专政不过是达到消灭一切阶级和进入无阶级社会的过渡" [18]。

——"阶级的存在仅仅同生产发展的一定历史阶段相联系"，指出了阶级的产生和消亡的历史条件。阶级是一个历史范畴，它的产生和消亡是一个历史过程。阶级的产生只是社会生产力发展到一定历史阶段，出现了剩余产品，有了旧式分工和私有制，才出现的。阶级随着生产力的发展也会走向消亡。当生产力发展到一定程度，旧式分工和私有制消灭时，阶级也就消亡了。可见，阶级的产生和消亡是和生产力发展状态与私有制的存亡完全连在一起的，阶级仅仅同生产发展的一定历史阶段相联系，阶级不是永恒的。

——"阶级斗争必然导致无产阶级专政"，指出了阶级斗争的前途。在资本主义社会，整个社会分裂为无产阶级和资产阶级两大对立阶级，在发展现代生产力的同时，也造就了资本主义的掘墓人。由于资本主义社会的国家政权是资本借以压迫劳动的专制机器，因而无产阶级在阶级斗争中不能简单地掌握现成的国家机器，并用以达到自己的目的。而是要开展社会革命，乃至暴力革命，打碎资产阶级旧的国家机器，使自己上升为社会的统治阶级，建立无产阶级专政。只有运用无产阶级专政，无产阶级同时使整个社会摆脱一切剥削压迫、阶级差别和阶级斗争，才能使自己从资产阶级的奴役下解放出来。

——"这个专政不过是达到消灭一切阶级和进入无阶级社会的过渡"，指出了阶级消亡的途径。无产阶级专政是要达到无阶级社会必须经过的唯一途径。阶级的产生是个自发过程，但阶级的消亡不是自发的。不能说生产力发展起来以后，阶级自然就没有了。阶级消亡必须经过无产阶级专政的途径。无产阶级专政是为了达到消灭阶级的目的而必须采取的阶级专政的形式，是由阶级社会向无阶级社会过渡的一个桥梁，人类社会必定走向无阶级的社会。在我国，人民民主专政是无产阶级专政的表现形式，是对人民实行民主和对敌人实行专政的有机统一，承担着消灭一切阶级和进入无阶级社会的历史使命。

——**阶级是一个经济范畴，阶级的划分依据经济原因，经济关系是衡量阶级的根本标准。**马克思主义认为："社会阶级在任何时候都是生产关系和交换关系的产物，一句话，都是自己时代的经济关系的产物。"[19] 阶级是特定历史时代经济关系的产物，人们对生产资料的占有关系，在社会生产中的地位和作用，是划分阶级的根本标准。列宁按照马克思主义的基本观点给"阶级"下了明确的定义："所谓阶级，就是这样一些大的集团，这些集团在历史上一定的社会生产体系中所处的地位不同、同生产资料的关系（这种关系大部分是在法律上明文规定了的）不同，在社会劳动组织中所起的作用不同，因而取得归自己支配的那份社会财富的方式和多寡也不同。所谓阶级，就是这样一些集团，由于它们在一定社会经济结构中所处的地位不同，其中一个集团能够占有另一个集团的劳动。"[20] 阶级的本质是经济关系，是由人们对生产资料的占有不同而决定的。一是对生产资料的占有不同；二是在劳动组织中所起的作用不同；三是在生产体系中所处的地位不同；四是领得自己支配的那份社会财富的方式和多寡也不同。人们在社会经济结构中所处的地位不同，其中一个集团能够占有另一个集团的劳动，正是这样的经济关系决定了阶级划分的标准。可见，划分阶级最根本的依据只能是经济标准，即看人们在劳动中以什么方式占有生产资料，在劳动中的地位和作用如何，以什么样的方式分配劳动成果。

——阶级是一个历史的范畴。阶级不是永恒的，人类社会经历无阶级社会——原始共产主义社会，阶级对立社会——奴隶社会、封建社会、资本主义社会，再到共产主义社会的第一阶段——社会主义社会，经过阶级逐步消亡的过渡，最后将达到更高阶段的共产主义社会。阶级有一个产生、发展到消亡的过程。阶级是历史的，因而也是具体的。在不同的历史阶段，人类社会产生并存在不同的阶级：奴隶主阶级与奴隶阶级、地主阶级与农民阶级、资产阶级与无产阶级。每个阶级因经济地位不同、具体条件不同，还可分为不同的阶层，如中国半殖民地半封建社会的资产阶级，分为官僚资产阶级和民族资产阶级。在对立的阶级之间，还存在一些中间的阶层，如旧中国的知识分子阶层，既可能隶属于资产阶级，也可能隶属于工人阶级。在人类历史上，从来不存在永恒的、不变的阶级。

——阶级成熟的政治标志。阶级一旦形成，必然会在政治上表达自己的态度与愿望，形成一定的阶级意识，并建立相应的政治组织。一个阶级有无自己的阶级意识和政治组织，是判断其是否成熟的重要标志。马克思主义的阶级观点要求，在衡量阶级属性问题上，最根本的是把握各阶级的经济地位，在此基础上进一步考察相应的政治立场和意识形态，全面分析不同阶级的历史与现状，善于观察阶级力量对比的变化，从而正确处理阶级矛盾和阶级斗争问题。

——**在阶级社会，人的社会性首先是阶级性。**人是一切社会关系的总和，人具有社会性。在阶级社会，人不是超阶级的、抽象的人。没有抽象的、超阶级的人性，只有具体的、历史的、阶级的人性。人的社会性就是阶级性，阶级社会中的每一个人无不打上阶级的烙印。

承认不承认阶级和阶级斗争，并不是马克思主义与资产阶级思想体系关于阶级与阶级斗争思想的根本区别。马克思主义阶级和阶级斗争理论的关键点，也是马克思主义不同于资产阶级思想体系的根本区别，就在于说明了阶级和阶级斗争产生、发展和消亡的历史条件与必然规律；提出了科学划分阶级的标准；说明了阶级斗争在社会历史发展中的作用；指出了无产阶级专政的必然性和必要性，指明了无产阶级的历史使命和阶级消亡的正确途径。

正如列宁在《国家与革命》中所说："只有承认阶级斗争、同时也承认无产阶级专政的人，才是马克思主义者。"[21]

这是马克思主义阶级和阶级斗争理论不同于资产阶级思想家阶级和阶级斗争理论的一个鲜明特点。

六、科学说明社会历史现象的根本方法
——授人以鱼不如授人以渔

中国古代有这样一个故事：一个小孩来到河边，看到一位老翁正在柳树下垂钓。老翁的鱼筐中已是满满的一筐鱼了，小孩很是喜欢。老翁看小孩喜欢，就打算把这筐鱼送给他。可让人想不到的是，小孩不要这筐鱼，而对老翁说："把您的鱼竿送给我吧！"这就是中国古代名言所概括的"授人以鱼不如授人以渔"。道理其实很简明，鱼是目的，钓鱼是手段，一条鱼能解一时之饥，但不能解长久之饥。如果想解长久之饥，就要学会钓鱼的方法。我们可以进一步说，传授给人以知识，不如传授给人以学习知识的方法。学习唯物史观的目的不是机械地背诵词句，而是要学习马克思主义观察社会问题、分析社会问题、解决社会问题的方法。

马克思主义经典作家历来十分重视唯物史观的方法论意义。

恩格斯晚年多次指出："如果不把唯物主义方法当做研

究历史的指南，而把它当做现成的公式，按照它来剪裁各种历史事实，那它就会转变为自己的对立物。"[22] 列宁指出："历史唯物主义也从来没有企求说明一切，而只企求指出'唯一科学的'（用马克思在《资本论》中的话来说）说明历史的方法。"[23] 怎样分析和认识社会历史问题呢？应当掌握唯物史观的唯物的、辩证的、具体的、历史的分析方法。

所谓唯物的、辩证的分析方法，就是一定要从社会存在、从物质经济原因、从社会经济基础、从社会经济关系出发，从社会实践出发，从人民群众出发，来观察、分析、认识社会现象；就是要运用辩证法的基本规律、基本范畴，如社会矛盾分析方法，联系的、发展的、全面的分析方法等，来观察、分析、认识社会现象。所谓具体的、历史的分析方法，就是要把任何一种社会现象都放在具体的、特殊的历史环境、历史条件下来分析，具体地分析具体的问题；就是要把任何社会现象看作一个发展变化的过程，既要看它的过去，又要看它的现状，还要看它的未来。

唯物地、辩证地、具体地、历史地分析社会现象和社会问题，就要把经济分析、阶级分析和利益分析作为分析社会现象的基本方法。

列宁认为："必须到生产关系中间去探求社会现象的根源，必须把这些现象归结为一定阶级的利益。"[24] 经济原因是一切社会赖以存在和发展的前提条件，经济关系是一切社会关系存在和变化的基础。在现实社会生活中，一定的经济关系必然表现为一定的利益关系，利益是一定社会经济关系的体现。在阶级社会中，经济关系集中表现为一定的阶级关系，表现为一定的阶级利益关系。认识社会现象，重要的是从社会存在的经济基础出发进行分析，从经济入手进行分析，必然要分析社会的利益关系。在阶级社会中，对社会现象进行经济分析、利益分析，必然导致阶级分析的正确认识途径。经济分析、阶级分析、利益分析方法既相一致，又有一定的区别，是唯物的、辩证的、具体的、历史的方法论的可操作的分析方法。

认识社会现象必须从经济分析入手。

是从物质的、经济的因素出发，还是从精神、思想的原因出发说明社会历史问题，这是历史唯物主义和历史唯心主义在方法论上的根本区别。物质的、经济的因素是全部社会生活的基础，是推动社会发展的决定性力量，一切社会问题都根植于最深厚的经济事实之中，一切社会现象最终都受一定的经济原因的制约和影响，因此，认识社会问题，必须从经济入手进行分析。

——从经济分析入手，必须注意把握社会的经济的、物质的整体结构。马克思从社会有机结构整体这一基本观点出发，首先把社会作为一个完整的系统来看。从这个系统整体中分离出最基本的构成要素，深入分析这些要素之间的对立统一关系，揭示构成社会结构的最基本要素之间的关系及矛盾，从而全面把握社会有机体，把握各个要素之间相互制约的决定环节；并从这些相互制约的环节入手，展开环环相连的考察，揭示一个因素是如何在另一个因素的作用下发生变化的，而这个因素的变化又如何导致另一个因素的改变，从而引起社会形态的改变，进而揭示社会发展的客观规律，科学认识社会历史现象。

马克思对社会历史进行社会结构分析，最重要的是从社会经济结构矛盾分析方法引申出社会基本矛盾分析方法。他把物质资料的生产及其方式作为社会有机体的物质基础，从物质生产中进一步区分出生产力和生产关系这两个方面，并揭示了二者之间的辩证关系，把生产关系（经济基础）作为既受生产力制约，又制约上层建筑的中间环节，从生产力、生产关系（经济基础）和上层建筑这三个基本构成要素的相互联系、相互矛盾中分析社会。他从根本上抓住了生产力这个社会历史发展的决定性因素，又从生产力的高度分离出生产关系，从生产力和生产关系的矛盾运动入手，揭示出经济基础和上层建筑的矛盾运动规律，发现了社会形态发展的自然历史过程的基本秘密。生产力、生产关系（经济基础）和上层建筑是社会整体结构的三个基本构成要素，正是三者之间的矛盾关系，构成了社会结构最基本的内在矛盾，正是这个基本的内在矛盾决定了社会有机体的基本特征、基本功能、基本性质和基本运动规律。

马克思正是从社会生产力和生产关系、经济基础和上层建筑的矛盾作为社会有机结构的内在基本矛盾分析入手，建立了唯物史观分析社会历史规律的根本观点和基本方法。

——进行经济分析，必须坚持生产力标准。生产力是社会发展最终的物质决定力量。人类社会发展和历史的进步，归根到底是生产力发展的结果，这是认识和说明社会历史现象的一个基本出发点。所谓生产力标准，实际上就是要把是否有利于生产力的发展，作为衡量社会进步和一切工作成败的根本标准，作为认识和说明社会历史问题的根本办法。运用生产力标准来认识社会历史问题，就必须把是否有利于生产力的发展看作衡量一个社会形态的生产关系、上层建筑及其具体体制是否适合的根本标准；把生产力作为决定社会的性质、衡量社会发展阶段的特征，评价社会进步的主要标准；把生产力作为评价一个政党的路线、方针、政策、措施及其工作好坏和成败的最高标准；把是否有利于生产力的发展作为判断一个人、一个阶级、一个政党的言行是非的基本标准。

当然，我们在运用生产力标准分析社会历史问题时，必须科学地、全面地、正确地把握生产力标准，要把坚持生产力标准同考核社会发展的整体利益和局部利益、长远效益和暂时效益、物质效益和精神效益、经济效益和生态效益结合起来；要把根本标准同考察具体工作的具体标准统一起来，不能用生产力标准来代替其他一切具体标准。在实践中，不能把生产力标准当作标签到处乱贴，切忌绝对化、简单化、庸俗化。生产力标准只是我们认识社会现象的总的原则、总的标准。

——进行经济分析，必须坚持物质关系决定思想关系，经济关系决定非经济关系的原则，从物质的、经济的关系出发来说明思想的、政治的及其他的关系。人们在生产过程中结成的经济关系就是生产关系，生产关系就是人们的经济关系，它从本质上来说是一种物质的关系。生产关系包括生产资料所有制关系，人们在社会生产中的地位作用和相互联系，劳动产品的分配关系这三个方面。这三个方面又贯穿于人类社会生产、交换、分配和消费四个环节之中。在这里，所有制关系是生产关系中的主要内容，它是判断社会性质和社会进步的直接标准。在人类社会生活中，社会的生产关系，即社会的物质、经济关系是第一性的社会关系，决定思想的、伦理的、家庭的、政治的和思想的等一切其他社会关系，它决定社会的上层建筑及其具体形式。因此，从一定生产力基础上的一定的生产关系出发分析社会现象，也是一个重要的方法。

坚持从物质的、经济的关系出发说明社会问题，就要把生产关系的性质和状况作为衡量上层建筑是否适合经济基础的直接标准；把生产关系的性质和状况作为判断社会形态及其发展阶段的性质和特征的直接标志；把生产关系作为分析一切社会关系发展变化规律的基点；把人们对生产资料占有的形式和多寡，把人们在生产中的地位及其作用，把人们在产品分配上的形式，作为判断一个人、一个社会团体、一个政党的阶级属性、政治态度、社会行为和思想表现的重要标准。

——坚持经济分析，必须避免把"经济因素"看作"唯一的决定性因素"，把经济分析看作分析社会现象的唯一方法的庸俗化倾向。社会意识对社会存在具有相对独立性，具有能动的反作用；思想关系对物质关系、政治关系对经济关系具有相对独立性，具有能动的反作用；上层建筑对经济基础具有相对独立性，具有能动的反作用；生产关系对生产力具有相对独立性，具有能动的反作用。社会生活是极其复杂的，在社会生活中起作用的因素也是复杂多样的。从经济出发分析社会问题，否认其他社会因素的作用，会陷入庸俗唯物主义的泥沼，同样无法正确说明复杂的社会历史现象。改革开放之前，我们曾一度过分强调社会意识的反作用，过分强调人的主观能动性，过分强调精神思想的作用，大批唯生产力论、唯条件论，结果忽视了人民群众的物质利益要求，忽视了物质的、经济的生产力的决定作用，导致社会主义建设一度走了弯路。改革开放以来，一方面，我们以经济建设为中心，以发展生产力为根本任务，以最大限度满足人民的物质文化需求为最终目的，实现了经济的快速发展，人民生活水平迅速提升，综合国力极大增强；另一方面，在一定程度上，对思想意识的反作用有所忽视，在快速发展进程中出现了思想道德滑坡的问题。因此，在加强经济建设的同时，要大力加强思想文化道德建设，真正实现"两手抓，两手都要硬"。

——坚持经济分析，必须全面把握生产关系一定要适应生产力状况、上层建筑一定要适应经济基础状况的客观规律，既要防止生产关系超越生产力发展的现状，又要反对生产关系落后于生产力发展的需要，既要防止上层建筑超越经济基础发展的状况，又要避免上层建筑落后于经济基础发展的要求。艾思奇在《大众哲学》一书中把生产力比作蛋黄，把生产关系比作蛋壳，当蛋黄发育不成熟时，需要蛋壳的保护，才有适当的温度、营养，保护蛋黄的发育。一旦蛋黄发育成幼鸡时，蛋壳就再也容不下已然由蛋黄发育成的幼鸡，于是幼鸡就破壳而出，社会革命就到来了。我们还可以把生产力比喻成小孩的脚，把生产关系比喻成小孩的鞋，如果给小孩的脚配一双大鞋，鞋不跟脚，小孩走起路来就要摔跟头。当小孩脚长大了，给小孩穿一双小鞋，鞋小脚大，小孩照样走不好路。生产关系对生产力的不适应有两种情况：生产关系跑到生产力前面去了，超越生产力发展阶段，就犯了"左"的错误，阻碍生产力的发展；当生产关系落后于生产力，就犯了右的错误，阻碍生产力的发展。总之，生产关系无论是"超前"生产力，还是"落后"生产力，都会阻碍生产力的发展。在旧中国，半殖民地半封建的生产关系严重束缚生产力的发展，中国共产党领导的中国革命的胜利极大地解放了生产力。在改革开放前的二十多年，形成了"一大二公"、纯之又纯的公有制生产关系，阻碍了生产力的发展。改革开放以来，建立了以公有制为主体、多种所有制经济共同发展的生产关系，培育和发展了社会主义市场经济，极大地解放和发展了生产力。

认识阶级社会现象必须坚持阶级分析方法。

所谓阶级分析方法，就是用唯物史观关于阶级和阶级斗争的观点去分析阶级社会的社会历史现象的方法。

阶级分析方法是坚持用经济方法分析社会历史现象的必然延伸，是矛盾分析方法在阶级社会领域中的具体运用，是社会基本矛盾分析方法对人与人之间阶级关系分析的具体运用，是工人阶级及其政党研究阶级社会现象的科学方法。列宁指出："马克思主义提供了一条指导性的线索，使我们能在这种看来扑朔迷离、一团混乱的状态中发现规律性。这条线索就是阶级斗争的理论。" [25] 阶级斗争理论，既是分析阶级社会历史现象的根本方法，也是对阶级社会进行分析的基本方法。

为了正确掌握和运用阶级分析的科学方法，必须坚持唯物论、辩证法，反对主观主义和形而上学。

——进行阶级分析，必须坚持实事求是的原则。在阶级社会中，阶级是大量的、普遍存在的现象，但又不是唯一的、囊括一切的现象；阶级关系是人与人关系中的基本关系，但并不是一切社会关系都属于阶级关系；阶级斗争是重要的社会实践，但并不是唯一的社会实践形式。也就是说，既要认识到阶级分析方法的普遍性、重要性，又不能把它绝对化。必须坚持从实际出发，实事求是，对确实存在的阶级斗争现象，必须如实地承认它，对于严酷的阶级斗争不能视而不见；对于确属非阶级斗争的现象，又绝不能不顾事实无限上纲，硬要分析出阶级斗争来。

——进行阶级分析，必须坚持全面性，力戒片面性。社会的阶级现象是复杂多样的，阶级斗争首先表现为经济斗争，同时又表现为政治斗争、思想斗争，不仅表现在经济领域，还表现在思想领域、政治领域、文化领域等社会生活的各个方面、各个领域。因此，阶级分析方法就要求把握阶级和阶级斗争现实中的"多种多样的关系的全部总和"[26]，坚持全面性的观察原则，切忌片面性。既要分析经济领域的阶级斗争事实，又不能忽视政治、思想、文化等领域的阶级斗争现象；既要分析社会各集团的经济地位，同时又要观察它们的政治态度；既要分析该阶级的经济地位、政治态度和思想倾向，又要分析该阶级同其他阶级的关系，该阶级所处的社会环境的变化，以及可能的发展趋势……总之，要全面地、辩证地、发展地把握复杂的阶级斗争事实，切忌孤立地、静止地、片面地观察阶级斗争现象。

——进行阶级分析，必须要坚持具体问题具体分析这一马克思主义活的灵魂。阶级和阶级斗争会因时间、地点、条件的不同，而具有不同的表现形式和表现特点。在不同的社会形态，在同一社会形态相同的或不同的发展阶段，在同一发展阶段而处于不同的国度，甚至在同一国度但在不同的地区、不同的民族或不同的时间跨度，阶级结构、阶级阵线、阶级敌人、阶级朋友、阶级依靠对象，以及阶级斗争的表现形式和特点都是不同的。这就需要我们根据时间、地点、条件的变化，来具体把握阶级斗争的特殊规律。比如，我国正处于社会主义初级阶段，剥削阶级作为阶级整体已经被消灭了，但在一定范围还存在阶级、阶级差别和阶级矛盾；阶级斗争已经不是主要矛盾了，阶级斗争虽然在一定范围内仍然存在，但阶级斗争的对象、范围、规模、解决办法已经同革命战争年代不同了。如果离开了具体问题具体分析这一活的灵魂，仍然用革命战争时期的眼光来看待社会主义初级阶段的阶级、阶级差别和阶级矛盾问题，用革命战争时期的办法来处理社会主义初级阶段的阶级、阶级差别和阶级矛盾问题，必然要犯大的错误。在今天的具体情况下，我们既不能再把阶级斗争看作主要矛盾，搞阶级斗争为纲那一套，犯"阶级斗争扩大化"的错误，又不能否认一定范围内存在的阶级差别和阶级矛盾，忽视一定范围内存在的阶级斗争。

阶级分析方法是科学严谨的方法，必须运用唯物辩证法对阶级和阶级斗争现象进行具体的、历史的、现实的、全面的分析。如果把阶级分析当作固定的思维模式到处乱套，就会背离历史唯物主义阶级分析方法的正确原则。

利益分析方法是有普遍意义的重要方法。

利益支配人们的社会历史活动，一定的经济关系必然表现为一定的利益关系，这是一条重要的历史唯物主义原则。

列宁指出："如果你们没有指出哪些阶级的利益，哪些在当前占主导地位的利益决定着各政党的本质和这些政党的政策的本质，那么事实上你们就没有运用马克思主义……"[27]根据利益原则，对复杂的经济、政治、思想、文化等社会生活及其关系进行利益分析，这是洞察社会历史奥秘的重要方法。

所谓利益分析，就是依据利益原则，揭示出人们社会活动背后的利益动因，找出利益关系所赖以表现出来的生产关系，然后从这种利益动因和利益关系出发来说明各种社会关系和社会历史现象。

在历史唯物主义的方法论体系中，经济分析、阶级分析和利益分析是一致的、互相补充的，而不是互相排斥、互相对立的。无论是经济分析、阶级分析还是利益分析，都是建立在历史唯物主义"生产力和生产关系"是全部社会的前提这一基本原理基础之上的。经济分析坚持从物质的生产及其关系出发来分析社会历史现象，阶级分析方法是经济分析方法观察阶级社会的社会生活现象的进一步具体应用，利益分析方法同阶级分析方法是一致的，在阶级社会中，利益分析方法以分析阶级社会中阶级利益的矛盾和冲突为基本线索。然而，利益分析方法又具有自己特殊的意义。

——利益分析方法比阶级分析方法和经济分析方法更加具体化。经济分析方法着重于从经济关系出发来分析社会历史发展的根本原因，阶级分析方法侧重于从阶级关系出发来划分阶级和分析阶级斗争的基本线索，而利益分析方法则着重于从利益关系出发来分析具体的社会历史问题。在阶级社会中，生产关系表现为一定的经济关系，一定的阶级关系表现为一定的利益关系，利益分析则从更直接和更具体的利益关系中来剖析阶级斗争的对象。

——利益分析方法可以作为阶级分析方法的补充。在阶级社会中，并不是一切社会现象都是阶级斗争现象，也不是一切社会关系都是阶级关系。这样，在非阶级斗争领域，就可以运用利益分析的方法。在阶级社会中，不同阶级之间存在阶级利益的差别，在同一阶级内部又存在不同的阶层和利益集团，利益分析可以在该阶级内阶层和利益集团的划分上发挥作用。在非阶级社会，阶级关系不存在了，阶级斗争现象不存在了，但一定的利益差别和利益矛盾依然存在。比如，原始社会部落之间的利益矛盾。这时，利益分析方法就具有普遍性的意义了。

——在社会主义社会的一定发展阶段上，利益分析具有特殊的意义。在我国社会主义社会的现阶段，剥削阶级作为一个阶级整体已经被消灭了，阶级、阶级差别、阶级矛盾和阶级斗争，只是在一定范围内存在。在阶级矛盾和阶级斗争都不占主导地位的条件下，如何认识人民内部矛盾呢？在这里，利益分析方法就具有特殊的方法论意义了。

——进行利益分析，关键是运用利益分析方法，科学地划分利益群体，进一步考察利益群体在利益关系中的地位和作用，分析不同的利益群体之间的矛盾，从中找出规律性东西。所谓利益群体，就是指以一定社会关系为基础的具有大体相同的利益要求，对共同利益持相对一致态度而结合在一起的个体的集合体。不同的利益群体具有不同的甚至相互矛盾的利益要求。个人必须通过一定的社会联系才能实现自己的利益，利益群体具有追求和维护本共同体成员利益的强大力量。在利益冲突和利益角逐中，它具有比个体更为强大的竞争力与追逐力，个人往往是以参与利益群体的方式来参加利益竞争，并通过利益群体来实现个人利益的。不同的利益群体之间的矛盾是社会利益矛盾的主线。

必须坚持从人们在社会经济关系中对生产资料的占有不同、在生产过程中所起的作用不同、在分配中的收入多少不同等这些基本的经济关系出发，同时考虑到其他社会因素的影响，来作为划分利益群体的标准。

关于社会利益群体的基本划分标准表明，马克思主义以生产资料所有制的不同来划分阶级的理论，仍然具有方法论意义，它同社会利益群体的基本划分标准是一致的。不同的利益群体具有不同的利益要求，不同的利益群体之间存在着一定的利益差别和利益矛盾，这是分析社会现象的一条重要线索。

运用利益分析方法分析社会历史现象，绝对不能排斥和否定经济分析和阶级分析的基本方法，要善于在唯物史观的指导下，把三者有机地结合起来，有效地运用到对社会历史现象的观察、分析和说明中去。

结　语

历史唯物主义彻底地克服了旧历史观对人类社会认识的一切谬误观点和根本缺陷，创立了科学的历史观，唯物地、辩证地说明了社会意识与社会存在的关系，说明了劳动实践创造人和人类社会，主张一切从物质生产基础出发说明社会历史，找到了揭示现实的人及其历史发展秘密的钥匙。

历史唯物主义理论体系的内容十分丰富，涉及的问题非常广泛。马克思在《〈政治经济学批判〉序言》中对历史唯物主义基本思想作了精辟论述，论证了历史唯物主义的基本范畴和规律，大致勾画出了历史唯物主义理论体系的基本框架和主要理论观点，如生产观点、群众观点、阶级和阶级斗争观点，还有社会存在和社会意识相互关系理论，社会经济形态理论，社会基本矛盾理论，国家、社会革命和无产阶级专政理论，社会意识形态理论，社会利益理论，人和人的自由全面发展理论……学习历史唯物主义，贯彻少而精的原则，最重要的是理解和掌握唯物史观的基本观点和基本原理，理解和掌握其中所贯彻的科学世界观方法论，并运用到认识社会、改造社会的社会实践中去。

注　释

1　《列宁专题文集　论社会主义》，人民出版社 2009 年版，第 399 页。

2　《论语·颜渊》。

3　康德：《实践理性批判》，人民出版社 2003 年版，第 220 页。

4　《毛泽东文集》第八卷，人民出版社 1999 年版，第 321 页。

5　《马克思恩格斯文集》第 2 卷，人民出版社 2009 年版，第 598 页。

6　《马克思恩格斯文集》第 3 卷，人民出版社 2009 年版，第 428 页。

7　《列宁专题文集　论马克思主义》，人民出版社 2009 年版，第 14 页。

8　《马克思恩格斯文集》第 4 卷，人民出版社 2009 年版，第 313 页。

9　《马克思恩格斯文集》第 1 卷，人民出版社 2009 年版，第 503 页。

10　《马克思恩格斯文集》第 1 卷，人民出版社 2009 年版，第 505 页。

11　《马克思恩格斯文集》第 1 卷，人民出版社 2009 年版，第 196 页。

12　《马克思恩格斯文集》第 10 卷，人民出版社 2009 年版，第 289 页。

13　汪东林：《梁漱溟与毛泽东》，吉林人民出版社 1989 年版，第 7 页。

14　汪东林：《梁漱溟与毛泽东》，吉林人民出版社 1989 年版，第 8 页。

15　《马克思恩格斯文集》第 2 卷，人民出版社 2009 年版，第 34 页。

16　《马克思恩格斯文集》第 10 卷，人民出版社 2009 年版，第 106 页。

17 《马克思恩格斯文集》第9卷，人民出版社 2009 年版，第 391—392 页。

18 《马克思恩格斯文集》第 10 卷，人民出版社 2009 年版，第 106 页。

19 《马克思恩格斯文集》第 9 卷，人民出版社 2009 年版，第 29 页。

20 《列宁专题文集 论社会主义》，人民出版社 2009 年版，第 145 页。

21 《列宁专题文集 论马克思主义》，人民出版社 2009 年版，第 206 页。

22 《马克思恩格斯文集》第 10 卷，人民出版社 2009 年版，第 583 页。

23 《列宁专题文集 论辩证唯物主义和历史唯物主义》，人民出版社 2009 年版，第 166 页。

24 《列宁全集》第 1 卷，人民出版社 1984 年版，第 464 页。

25 《列宁专题文集 论马克思主义》，人民出版社 2009 年版，第 15 页。

26 《列宁专题文集 论辩证唯物主义和历史唯物主义》，人民出版社 2009 年版，第 139 页。

27 《列宁全集》第 15 卷，人民出版社 1988 年版，第 375 页。

不以人的意志为转移的社会发展规律

——历史决定论

生产力是社会发展的最终决定力量。生产关系一定要适应生产力的发展，上层建筑一定要适应经济基础的发展，这是社会发展不以人的意志为转移的根本规律。

唯物史观肯定社会历史的发展存在不以人的意志为转移的客观规律，认为在社会历史发展中物质生产力起着最终决定性的作用。当然它也从来没有否认历史活动中存在人的有意识的主体能动性，坚持认为要揭示社会历史秘密，必须揭示既体现人的有意识的能动活动，又不以人的意志为转移的客观规律。唯物史观是历史决定论与历史选择论的统一。

一、社会发展是一个自然历史过程
——"逻各斯"与社会规律

　　在本书辩证法篇提到的古希腊哲人赫拉克利特（Heraclitus，约前530—前470年），除了提出"一切皆流"的辩证思想外，还以唯物主义思维方式到特定的物质形态中去寻找世界之本，力图找出世间万事万物的本原。他把"火"作为万事万物的本原，用火的燃烧与熄灭来解释宇宙万物的产生与消灭。他说："这个世界……不是任何神所创造的，也不是任何人所创造的，它过去、现在和未来永远是一团永恒的活火。在一定的分寸上燃烧，在一定的分寸上熄灭。"[1] 在赫拉克利特看来，火的运动变化是有规律的，他把这个规律称作"逻各斯"（logos）。"逻各斯"是古希腊语，可译为中文的"道""法则"或"规律"。这个"逻各斯"，人们虽然看不见、摸不着，却须臾不能离开它，因为万物都是根据这个"逻各斯"而产生的。可以说，赫拉克利特是最早从朴素唯物论的角度认识到客观规律的西方哲学家。自然界存在不以人的意志为转移的客观规律，作为自然界一部分的人类社会也存在不以人的意志为转移的客观规律。

人类社会是自然界的一部分，社会规律也是整个自然规律的一部分，社会规律服从自然规律。自然规律是不以人的意志为转移的一个客观过程，是固定的、反复出现的、长期起作用的自然界的普遍联系。作为自然规律的一部分，社会规律也是不以任何人的意志为转移的，固定的、长期起作用的社会的普遍联系。

在《〈政治经济学批判〉序言》中，马克思对人类社会发展的客观规律作了经典阐释："人们在自己生活的社会生产中发生一定的、必然的、不以他们的意志为转移的关系，即同他们的物质生产力的一定发展阶段相适合的生产关系。这些生产关系的总和构成社会的经济结构，即有法律的和政治的上层建筑竖立其上并有一定的社会意识形式与之相适应的现实基础。物质生活的生产方式制约着整个社会生活、政治生活和精神生活的过程。不是人们的意识决定人们的存在，相反，是人们的社会存在决定人们的意识。社会的物质生产力发展到一定阶段，便同它们一直在其中运动的现存生产关系或财产关系（这只是生产关系的法律用语）发生矛盾。于是这些关系便由生产力的发展形式变成生产力的桎梏。那时社会革命的时代就到来了。随着经济基础的变更，全部庞大的上层建筑也或慢或快地发生变革。"[2]

每一历史时代的生产方式是该时代之政治的和精神的历史赖以确立的基础，经济条件归根到底具有决定性的意义，构成了一条贯穿于全部人类社会发展进程并唯一能使我们理解这个发展进程的客观规律的红线。生产力是社会发展的最终决定力量。生产关系一定要适应生产力的发展，上层建筑一定要适应经济基础的发展，这是社会发展不以人的意志为转移的根本规律。

这是马克思主义观察、分析、认识社会规律，把握、顺应社会规律的唯一正确的世界观和方法论——唯物史观的最基本的科学认识。

　　马克思、恩格斯为了与唯心史观论战，常常不得不强调经济因素是历史发展的决定性因素这一主要原则。但在肯定经济因素的最终决定作用的前提下，又承认其他因素在社会发展中的作用。

　　人类社会的历史，就是物质资料生产的历史。但马克思主义唯物史观并不认为经济因素是唯一起作用的因素，社会发展是由多种因素交互作用的结果。在一个社会内部，既要看到经济因素的决定性作用，也要看到政治的、思想的上层建筑之间的相互作用及其对于经济基础、物质生产的影响，还要考虑到自然基础、历史条件、文化传统以及各个国家相互交往所形成的世界历史背景。

　　如果只是承认经济因素的决定性作用，并将经济视为社会历史中唯一决定性的因素，否认社会中其他因素的交互作用及其对于经济的影响；只是从一个社会内部寻求其发展变迁的原因，而忽视了周围环境、外部条件以及时代特点对于该社会的影响，就不能对社会发展客观规律作出科学的说明。

　　恩格斯指出："根据唯物史观，历史过程中的决定性因素归根到底是现实生活的生产和再生产。无论马克思或我都从来没有肯定过比这更多的东西。如果有人在这里加以歪曲，说经济因素是唯一决定性的因素，那么他就是把这个命题变成毫无内容的、抽象的、荒诞无稽的空话。经济状况是基础，但是对历史斗争的进程发生影响并且在许多情况下主要是决定着这一斗争的形式的，还有上层建筑的各种因素。"[3] 经济条件归根到底制约着历史的发展，政治、法律、哲学、宗教、文学、艺术等发展既以经济发展为基础，又互相影响并对经济基础发生影响。并非只有经济状况才是原因，才是积极的，其余一切都不过是消极的结果。但这一切因素间的交互作用，"是在归根到底总是得到实现的经济必然性的基础上的互相作用"[4]，"而在这种相互作用中归根到底是经济运动作为必然的东西通过无穷无尽的偶然事件……向前发展"[5]。

从整个社会历史发展来看，有一个各个民族、各个国家都共同遵循的普遍规律，但是，它们各自又具有自己的特殊性，体现为社会发展的多样性。

列宁曾经指出："世界历史发展的一般规律，不仅丝毫不排斥个别发展阶段在发展的形式或顺序上表现出特殊性，反而是以此为前提的。"[6] 人类社会由低级向高级发展，并由各个国家和民族的地域性发展向世界历史性的发展转变，这是社会发展的普遍性、共性。由于社会发展不仅由经济必然性所决定，而且受政治的、文化的、历史的、传统的因素以及自然环境、时代条件和其他国家与民族的影响，因而社会发展又呈现出复杂性和多样性的特点。

　　人类社会的历史是一个由低级形态向高级形态不断演进的过程。但这种发展的大趋势在各个民族、国家发展进程中的表现却是千差万别的，人类社会的发展道路是多种多样的。

　　马克思在《〈政治经济学批判〉序言》中将当时所知道的几种生产方式按照其发展程度和水平排列为亚细亚的、古代的、封建的和现代资产阶级的这样的发展序列；在《资本论》中，通过研究西欧资本主义的起源和发展进程，梳理出了从原始公社经奴隶制、封建制向资本主义制度过渡的典型的社会发展的阶段性序列。这种发展序列作为社会发展总趋势的逻辑再现，并未囊括各个国家、民族社会发展道路和阶段的全部丰富性，并非任何国家和民族都要毫无例外地经过原始社会、奴隶社会、封建社会、资本主义各种社会形态的依次更替而走向未来社会，没有任何变异性和独特性。从人类社会的发展历史来看，必然经过原始社会、奴隶社会、封建社会、资本主义社会，最后通过社会主义到共产主义社会，这是整个人类历史发展的普遍逻辑。但具体到某一民族、某一国家、某一地区，其发展的阶段可以有跨越、有偶然、有特殊。有的国家、民族和地区的发展是渐进、连续的，比较完整地展现了历史演进的常规性，依次经历了原始社会、奴隶社会、封建社会和资本主义社会等发展阶段，而有的国家、民族、地区的社会发展则是隔断的、非连续的和跳跃式的，往往越过某一社会形态和历史阶段而直接进入较高级的社会形态和历史阶段。如美国没有经历封建社会的发展阶段，其资本主义发展道路与西欧资本主义国家所经历的发展过程与阶段不同，却是"资产阶级社会的最现代的存在形式"[7]。特别是近代以来，由于生产力的巨大发展、交往的普遍化以及"世界历史"的形成，各个国家、民族和地区之间经济的、政治的、文化的交往、冲突与融合达到了前所未有的程度，这既给落后国家的独立与生存带来了沉重压力，同时也为它们吸收利用资本主义的一切肯定成果、实现赶超式发展带来了历史机遇。即使是在大体相同的生产力水平和经济条件下，由于历史文化传统、自然地理条件以及国际环境的不同，各个国家和民族的发展方向和道路也表现出差异性。

社会历史发展的多样性、差异性与统一性、普遍性是有机统一的，有时体现为社会发展的有条件的跨越性。

近代以来，由于生产力的巨大发展、资本主义生产方式的兴起以及世界市场的开辟，"各个相互影响的活动范围在这个发展进程中越是扩大，各民族的原始封闭状态由于日益完善的生产方式、交往以及因交往而自然形成的不同民族之间的分工消灭得越是彻底，历史也就越是成为世界历史"[8]。
各个国家和民族超越了地域性的狭隘界限而在广阔的世界历
史背景上相互作用。在这种普遍交往关系之中，多样的每个
国家和民族都有可能从其他国家和民族中吸取有利于自身发
展的因素，从而在这种内在的、紧密的、统一的交互作用中
发生前所未有的根本性变化，特别是在落后国家和民族的多
种多样的发展中，实现社会的跨越性发展又带有一种普遍
性。如中国跨越了资本主义的完整社会形态，直接进入了社
会主义社会初级阶段。我国一些少数民族地区，甚至跨越了
封建社会和资本主义社会，由原始社会、奴隶社会直接进入
了社会主义初级阶段。

　　**人类社会的发展模式是多样化的，表现为一定条件下的
跨越性；同时又呈现统一性、普遍性，但尽管如此，社会历
史发展是一个自然历史过程，表现为不以人的意志为转移的
客观规律。**

　　列宁指出："只有把社会关系归结于生产关系，把生产
关系归结于生产力的水平，才能有可靠的根据把社会形态的
发展看作自然历史过程。"[9] 马克思主义唯物史观认为，尽
管社会历史是人的有意识的活动的历史，但人类社会的发展
仍然是"一种自然史的过程"[10]，有其内在的必然性，是遵
循着一定的客观规律向前发展的。马克思主义唯物史观将全

部社会关系归结于生产关系，把生产关系归结于生产力，从而为将社会形态的发展看作自然历史过程提供了可靠的根据。在一定的历史条件下，人类对社会制度可以作出一定的选择，可以实现一定的超越，但是从整体上来说，社会生产力发展、社会经济发展的自然历史过程却是要经历的，因为社会发展是一个自然历史过程，遵循其自身固有的客观规律。当然，生产力发展、经济发展的自然历史进程可以有快有慢，可以缩短或延长。

二、不断从低级向高级发展的"社会有机体"
——《小蝌蚪找妈妈》的故事

小学课本上有一篇名叫《小蝌蚪找妈妈》的童话故事，很有意思。在温暖的春天里，青蛙在池塘的水草上生下好多圆圆的卵。池水变暖，这些卵慢慢地活动起来，变成了一群大脑袋、长尾巴的小蝌蚪。小蝌蚪想起自己的妈妈，开始到处寻找。鸭妈妈告诉它们，"你们的妈妈有两只大眼睛，嘴巴又阔又大"，小蝌蚪误把大金鱼当作自己的妈妈了。大金鱼告诉小蝌蚪，"你们的妈妈肚皮是白的"。小蝌蚪就把白肚皮的螃蟹误认为妈妈了。螃蟹告诉它，"你们的妈妈有四条腿"。小蝌蚪又把四条腿的乌龟当作妈妈了。乌龟说:"你们的妈妈穿着好看的绿衣裳,唱起歌来'呱呱呱',走起路来一蹦一跳。"小蝌蚪终于在池塘边找到了自己的妈妈——一只青蛙。可是,小蝌蚪很奇怪,为什么自己和妈妈长得不一样呢?青蛙妈妈告诉它,等过几天,它们会长出两条后腿来;再过几天,又会长出两条前腿;然后蜕掉尾巴,换上绿衣裳,就变成青蛙了。

青蛙与蝌蚪在形态上的差别如此之大,也难怪蝌蚪再三认错妈妈呀!这篇故事以生动活泼的语言介绍了青蛙的成长历程,特别是在不同阶段的形态变化:长两条后腿—再长两条前腿—蜕掉尾巴—换上绿装。在自然界,许多生物都会经历不同的发展阶段,比如植物由种子萌发、生成幼苗,再到发育、开花、结果。在每一阶段上,每种生物都有其不同的面貌和特点。

人类社会如同自然界中的许多物种一样,也会经历不同的发展阶段。例如,按照唯物史观,人类社会是一个"社会有机体",在总体上要经历五种社会形态,即原始社会、奴隶社会、封建社会、资本主义社会和共产主义社会,表现为一个从低级向高级不断发展的"自然历史过程"。

社会形态归根结底就是经济社会形态。

应该从社会经济关系出发对社会形态加以考察。这主要是因为社会经济关系在整个社会结构中占有特殊的重要地位。社会经济关系作为经济基础，决定着整个上层建筑的性质。社会经济关系决定政治关系和思想关系。社会最主要的经济关系是生产关系，生产关系与一定的生产力密切联系，并与生产力共同构成社会生产方式的两个方面。只有从特定社会的经济关系出发，才能把握生产方式的社会性质，既把握生产力的脉搏，又把握上层建筑的性质。俗话说，"打蛇打七寸"，"七寸"之处是蛇的关键部位。经济社会形态就是社会形态的"七寸"之处，它既与社会形态其他部分相联系，又是社会形态的核心部位。社会形态说到底就是经济社会形态。

所谓经济社会形态，就是建立在经济基础之上的一定历史发展阶段上的社会，是同生产力发展的一定阶段相适应的经济基础与上层建筑的统一体。

马克思主义认为，社会是社会关系的总和，是"一切关系在其中同时存在而又互相依存的社会机体"[11]。生产关系是最主要的、最基本的社会关系，是社会形态的基础。我们要"用生产关系来说明该社会形态的构成和发展。但又随时随地探究与这种生产关系相适应的上层建筑，使骨骼有血有肉"[12]。具体而言，社会形态主要是由社会经济结构、社会政治结构和社会意识结构构成的有机体。恰如一个细胞是由细胞核、细胞质、细胞膜的相互联系构成的有机体。

——社会经济结构是社会形态存在和发展的基础和前提，是社会有机体的坚实"骨骼"。社会经济结构指与一定的生产力发展水平相适应的生产关系的总和，是社会政治结构和社会文化结构赖以存在和发展的基础。马克思指出："每一历史时代主要的经济生产方式和交换方式以及必然由此产生的社会结构，是该时代政治的和精神的历史所赖以确立的基础，并且只有从这一基础出发，这一历史才能得到说明。"[13]

社会经济结构是不断发展的，在特定社会形态的量变过程中存在着部分质变。社会经济结构与生产力之间的矛盾尖锐到不可调和的程度时，就会发生质变。高级社会形态的经济结构取代低级社会形态的经济结构就属于这种质变。某一社会形态中的社会经济结构也存在着部分质变。从自由竞争的资本主义阶段发展到垄断资本主义的阶段，就是资本主义社会形态内部经济结构的部分质变。

——社会政治结构是社会形态存在和发展的保证，是社会有机体的"器官"。社会政治结构是建立在社会经济结构之上的政治法律设施、制度及其相互关联的方式，维护社会经济结构的正常运行。如果说社会经济结构是社会有机体的"骨骼"，那么社会政治结构恰如社会有机体的"器官"，社会有机体主要通过这一"器官"来保证社会有机体的正常运行。在特定的社会形态下，人们往往是分散地进行物质生产活动，不可能自发地形成较大范围的统一的活动。这就需要一种超经济的力量来有效地组织和协调社会关系的方方面面，保证社会经济活动的正常运行。这种超经济的力量集中体现为政治的力量，体现为社会政治结构。正是由于社会政治结构对社会经济活动的规范、引导，社会经济活动才能在较大范围内协调起来。资本主义经济危机爆发之后，资本主义政府往往运用、发挥社会政治结构的强制性，调整社会经济结构，保证社会经济结构的正常运行。

社会政治结构不像社会经济结构那样通过物质利益的引导，也不像社会意识结构那样通过思想文化的说服或感化影响，而是把人们的政治交往限制在一定的范围内，甚至直接依赖于暴力。凭借这种暴力，就可以通过强迫的方式使人们服从特定的政治制度。社会政治结构中的各种政治法律制度都有与之相适应的机构与设施，比如国家政权、军队、法庭、监狱、警察，等等。这些机构和设施是为了维护现有的社会形态，压制之前的社会形态和将要出现的新的社会形态。新的社会形态的力量只有强大到超过当前社会形态的力量时，才有可能实现新的社会形态取代旧的社会形态。我国近代戊戌变法提出了进行资本主义改革的主张，但当时中国的资产阶级力量还很弱小，且先天不足，难以同强大的封建势力和帝国主义力量斗争，结果是戊戌变法"六君子"断头北京菜市口。尽管资本主义社会形态是比封建社会形态高级的社会形态，但是在生产力的发展还没有超过当时封建社会的发展水平时，这种代替也只能是"纸上谈兵"，难以实现。

——**社会意识（文化）结构是社会形态存在和发展的精神基础，是社会有机体的"血肉"，渗透到社会形态的各个领域。**社会意识（文化）结构指由各种意识形态、非意识形态，包括文化形态组成的有机系统，是具有确定规范的意识、文化的联结方式。这些意识（文化）实际上代表着和反映了社会各个集团的利益和要求，起主导作用的还是统治阶级的意识形态。在特定社会形态中，统治阶级往往会借助自身所掌握的政治结构来宣传自己的阶级意识、自己的文化，以维护本阶级的利益。即便是在当今全球化时代也不例外。美国等西方资本主义国家凭借自己先进的科学技术传播资产阶级的思想文化，企图通过各种思想文化手段颠覆社会主义国家。20世纪90年代，西方资本主义国家通过意识形态力量进行的颠覆，是苏联解体的一个重要外部原因。我们不仅要阐明自身社会形态的合理性和正确性，而且要反对破坏自身社会形态的思想理论观点。社会意识（文化）结构对社会经济结构、社会政治结构的反作用主要体现为，一方面是帮助形成、巩固和发展自身的社会经济结构、政治结构；另一方面是同对自己社会经济结构、政治结构有害的因素作斗争。

——**社会经济结构、社会政治结构和社会意识（文化）结构构成社会有机体**。社会经济结构决定着社会政治结构、社会意识（文化）结构。更为准确地说，社会经济结构决定社会政治结构、社会意识（文化）结构的可能性的范围，即社会政治结构、社会意识（文化）结构只能在社会经济所蕴含的可能性范围内进行选择和发挥。现实的社会政治结构、社会意识（文化）结构只是诸多可能性之中的一种必然选择。随着社会经济结构的变化，拥有先进生产力的社会集团势必要求调整社会政治结构来维护新的社会经济结构，这就引起社会政治结构的变更。社会政治结构一旦确立，就用各种方式为社会经济结构服务，保护和促进新的经济结构。社会经济结构的变化反映到人们的思想上会形成新的政治观点、文化氛围、文化产品、思想理论、伦理道德，也就会引起社会意识（文化）结构的变化。社会意识（文化）结构的变化，也会反作用社会政治结构，并通过社会政治结构，反作用社会经济结构。

社会形态是一个不断变化的社会有机体。在这个有机体内，社会经济结构、政治结构、意识（文化）结构自身是不断变化的，经历着从量变到质变的过程。在量变的过程中，社会有机体的各部分会发生部分质变。生产力的变化，必然导致生产关系的变化，引起社会经济结构变化，产生社会经济结构与社会政治结构和社会意识（文化）结构之间的矛盾。最初，这种矛盾通过政治结构和意识（文化）结构的调整得到一定程度上的缓解，但是由于生产力的变化，社会经济结构与社会政治结构和社会意识（文化）结构之间的矛盾逐渐加大，直至不可调和的程度，就会出现新的阶级反对旧的阶级，最终建立新的社会形态来取代旧的社会形态，使人类社会表现为不断地从低级向高级的发展过程。因而，要研究某种经济社会形态，还必须"研究该社会形态的活动规律和发展规律"[14]。

按照经济社会形态理论，人类社会在总体上必然经过原始社会、奴隶社会、封建社会、资本主义社会、共产主义社会五个历史阶段，每一个社会形态都经历着产生、发展和灭亡的过程。

社会形态的发展在总体上呈现出不断地从低级向高级的发展过程。新事物必然战胜旧事物，因为新事物既要否定旧事物中的消极因素，继承旧事物中的积极因素，还要增加一些旧事物所无法容纳的新内容。新的社会形态必将代替旧的社会形态，因为新的社会形态是从旧的社会形态中产生出来的，克服了旧的社会形态中的弊端，继承了旧的社会形态中的积极的、仍然适合新的历史条件的东西，增加了旧的社会形态所不能容纳的新内容，代表着先进的生产力，符合绝大多数人的根本利益，反映着社会进步的要求，最终会得到绝大多数人特别是有远大前途的先进社会阶级的支持。以上任何一个新的社会形态代替旧的社会形态的上升时期，该社会形态总是表现出高于旧的社会形态的解放和发展生产力的优越性。邓小平指出："封建社会代替奴隶社会，资本主义代替封建主义，社会主义经历一个长过程发展后必然代替资本主义。这是社会历史发展不可逆转的总趋势。"[15]

对社会历史发展不可逆转总趋势的科学认识，关键在于正确理解和把握"两个必然"和"两个决不会"及其相互关联的思想。

"两个必然"是"资产阶级的灭亡和无产阶级的胜利是同样不可避免的"[16]。也就是说，资本主义社会必然灭亡，社会主义社会必然胜利。

"两个决不会"是"无论哪一个社会形态，在它所能容纳的全部生产力发挥出来以前，是决不会灭亡的；而新的更高的生产关系，在它的物质存在条件在旧社会的胎胞里成熟以前，是决不会出现的"[17]。这也就是说，社会形态的发展过程要受社会历史条件的制约，最终取决于生产力的发展水平。生产力是社会形态更替的最终决定要素，只有当旧的社会形态完全无法容纳生产力的发展时，旧的社会形态才能最终走向灭亡。而新的社会形态是从旧的社会形态中发展而来的，最终要取代旧的社会形态。

现代资本主义社会仍然存在，还在发展，主要原因是资本主义社会的生产关系与当今的生产力还存在相适应的方面，还没有到完全不能容纳的程度。资本主义自由竞争阶段，资本主义社会内部矛盾——资产阶级与无产阶级之间的矛盾已然尖锐到即将失控的地步，马克思才预言资本主义丧钟就要敲响，社会主义革命前夜已经来临。随着垄断资本主义的形成，一方面自由竞争的矛盾有所转移和缓解，另一方面垄断带来的矛盾却进一步激化，带来了一系列战争、危机与革命。矛盾激化迫使资本主义调整生产关系，甚至借用社会主义的某些手段进行改良，使得其内在矛盾进入相对缓和的状态，形成了当代资本主义相对缓和的发展。这说明资本主义生产关系对生产力还有适应的一面，资本主义还有一定的存活空间，资本主义还有一定的生命力。

由于现实的社会主义不是在发达资本主义国家取得革命成功，社会主义制度并不是建立在发达资本主义生产力高度发展的基础之上，而是在经济文化相对落后的国家建立起来的，生产力水平相对落后；由于发达资本主义国家对社会主义制度的破坏和颠覆；由于社会主义实践者们对社会主义的认识与实践还需要一个过程；由于社会主义生产关系和上层建筑的具体体制还相当不完善、不成熟，存在弊端的地方还很多……新的社会形态代替旧的社会形态是一个复杂的、长期的历史过程。因此，社会主义取代资本主义也必将是一个长期的、曲折的、艰巨的历史过程。

目前我国正处于社会主义初级阶段。

这包含两层含义：第一，我国已经建立了社会主义制度，是社会主义社会，必须坚持和发展社会主义；第二，我国的社会主义社会正处于并将长期处于初级阶段。我们必须正视而不能超越这个初级阶段。如果把共产主义比作长大了的青蛙，那么，我国的发展还处于"蝌蚪"的发展状态，需要一个相当长的历史时期才能过渡发展到共产主义社会。

社会主义初级阶段的发展前途是走向发达的、成熟的社会主义社会，并最终走向共产主义社会。

"星星之火，可以燎原。"在世界范围内，同发展了几百年的、比较成熟的资本主义社会形态相比，社会主义社会形态是一种崭新的社会形态，社会主义的力量还比较弱小。但是，社会主义社会形态是在扬弃资本主义社会形态的基础上建立的，是符合社会形态发展必然趋势的，是具有远大的发展前途的社会形态。

共产主义社会是符合历史发展规律的社会形态。尽管共产主义的实现是一个长期的历史过程，需要经过若干历史阶段才能实现，在没有完成各个历史阶段的特定目标和任务时，实现共产主义只能是空谈。但是，共产主义的理想和信念为我们指明了未来前进的道路，鼓舞我们战胜社会主义建设过程中的种种困难，最终进入共产主义社会！

三、人类社会发展"最后动力的动力"
——强大的古罗马帝国为什么衰亡了

古罗马是一个强大的帝国，在公元1世纪至公元2世纪，它的统治领地包括了欧、亚、非三大洲的大片土地，不可一世。但是好景不长，从公元238年到公元253年的15年间，罗马帝国陷入危机，由盛至衰，先后更换了十个皇帝，一直走下坡路。公元395年，大一统的罗马帝国分裂为东罗马和西罗马两部分。公元476年，西罗马帝国彻底灭亡了。东罗马帝国，史称拜占庭帝国，到1453年被奥斯曼帝国所剪灭。类似罗马帝国由强盛到衰亡的例子，古今中外不胜枚举，中国从夏商周到春秋战国，从秦汉唐宋元明到大清帝国；外国从古印度、古巴比伦、古希腊到罗马帝国、拜占庭帝国、奥

斯曼帝国，到"日不落"的大英帝国……究竟是什么原因致
使天下兴亡变化？什么是人类历史发展的最终动力？

**透过纷杂的社会历史现象，抓住广大群众持久的、引起
伟大历史变迁的行动，然后找到触发这些行动的思想形式的
动机，再去寻找思想动机背后的推动历史发展的最终的动
力，即"最后动力的动力"，战胜旧历史观，这是马克思主
义新历史观所完成的伟大使命。**

为了探寻"最后动力的动力"，黑格尔哲学提出了许多
合理的思想，成为唯物史观得以创立的直接理论来源。列宁
指出，黑格尔的见解"接近历史唯物主义"[18]，"有历史唯
物主义的胚芽"[19]。马克思认为，黑格尔的历史观是历史唯
物主义的"直接的理论前提"[20]。黑格尔认为：人类历史不
是一成不变的，是由低级向高级发展的辩证过程；任何一个
历史阶段都有产生、发展和消亡的过程；在社会历史领域，
似乎有一个不以人的意志为转移的客观法则（"理性的狡
计"）在起作用；历史人物的表面动机和真实动机都不是历
史事变的最终动因，在这些动机后面，还应有其他动力，历
史动力不在人性之中，而在人性之外；历史活动存在"最后
动力的动力"。

到底"最后动力的动力"是什么呢？马克思给予了唯
一正确、科学的回答。自然界中低级动物的活动是盲目的、

无意识的、被动的活动，而在历史领域内进行活动的全是有意识、追求一定目的的人。人类社会历史就是人的有意识的创造活动的历史，社会历史是由人的有目的的活动创造的。人们从事的一切社会活动，必须通过大脑，通过思维，才能有意识地进行。这样一来，考察社会历史进程，必须要考察人的活动，考察社会历史的动力，必须要考察人的历史活动的动因；考察人的历史活动的动因，必然首先涉及人的意愿、欲望、目的等思想动机。于是，从表面上看，似乎是思想动机促使人们去参加社会活动。在自然界里纯粹是盲目的客观力量在起推动作用；在社会、人的活动领域，又好像是人的意愿、目的、情欲等思想动机在起决定作用。这样，就很容易得出精神是人类历史发展的最后动力的唯心主义结论来。历史唯物论和历史唯心论的区别，不在于是否承认思想动机，即精神动力的作用，而在于是停留在精神动力的结论上，还是进一步寻找精神动力背后的动力。

探讨历史发展的终极原因，必须首先抓住使整个阶级、整个民族行动起来的思想动机，然后，进一步去探讨使整个阶级乃至整个民族行动起来的思想动机背后的动力，发掘思想动机背后物质的、经济的动力。

关于思想动机背后的最终动因的探求，马克思和恩格斯为此花费了毕生的心血。在《路德维希·费尔巴哈和德国古典哲学的终结》一书中，恩格斯论证了四个非常重要的思想：一是需要和利益是人们进行社会活动的具体动因；二是人类历史发展的最后动力或终极原因是物质经济因素；三是阶级斗争是阶级社会历史发展的直接动力；四是社会基本矛盾是历史发展的根本动力，归根结底生产力是最终决定性因素。

恩格斯指出："如果要去探究那些隐藏在——自觉地或不自觉地，而且往往是不自觉地——历史人物的动机背后并且构成历史的真正的最后动力的动力，那么问题涉及的，与其说是个别人物，即使是非常杰出的人物的动机，不如说是使广大群众、使整个整个的民族，并且在每一民族中间又是使整个整个阶级行动起来的动机。"[21] 在这里，他提出了"最后动力的动力"的概念。"最后动力的动力"指的就是使个人乃至整个民族、整个阶级行动起来的动机背后的起最终决定性作用的力量或终极的原因。

恩格斯以西欧资本主义社会历史发展为例，说明土地贵族、资产阶级和无产阶级"这三大阶级的斗争和它们的利益冲突是现代历史的动力"[22]。随后他又进一步剖析了阶级斗争背后的经济原因，认为这些阶级斗争"首先是为了经济利益而进行的，政治权力不过是用来实现经济利益的手段"，"这些阶级是怎样产生的呢？……显而易见，这两大阶级的起源和发展是由于纯粹经济的原因"。[23] 历史发展"归根到底，是由生产力和交换关系的发展决定的"[24]。从恩格斯的理论推导可以看出，在阶级社会中，阶级斗争是历史发展的直接动力，而阶级斗争是由经济利益决定的，经济利益构成了人们从事历史活动的动因，但经济利益又是由一定的生产力和生产关系的发展所决定的。"生产力和交换关系"，这就是社会历史发展的最后动力的动力或终极原因，社会历史发展的"最后动力的动力"是纯粹的物质经济因素。由此可见，利益是使人们行动起来的动因，在阶级社会中，阶级间的利益冲突，即阶级斗争，构成了历史发展的直接动力。认识历史发展的"直接动力"，必须探究"终极原因"或"最后动力的动力"，最后动力的动力或终极原因与直接动力相比，前者更根本，后者是派生的。

物质经济因素是历史发展的最终决定性力量，从这个意义上来说，生产力和生产关系的矛盾运动是历史发展的根本动力，生产力是最终决定性的因素。

生活需要和利益要求是隐藏在人们动机背后的内在动因。

探讨历史发展的动力，必须首先探讨推动人们进行历史活动的动因。而人们的一切活动都要经过人的意识，也就是说，人的活动必须采取思想动机的形式。思想动机是一种心理现象，凡是反映在人们的头脑中并促成人的活动，引导人的活动去满足人的某种需要的欲望、念头、想法、意向，就叫作思想动机。它是推动人们进行活动的内在动力，是激励人们去行动以达到一定目的的内在原因，即行为的心理动因。在思想动机中，经济活动的动机是人们从事经济活动的原因，它是人类活动的基本动机，决定其他一切思想动机。任何一个人要进行生产活动，直接取决于他思想的意向。人的衣食住行是最基本的生活要求，它是直接推动人们行动起来进行生产斗争和其他社会实践的第一位的动机和念头。人的衣、食、住、行等基本的需求是由人的基本生活需要所触发的。人的消费需要和利益要求引发了思想形式的动机，引发了人们的生产活动，从而引起了人们的全部社会活动。

在阶级社会中，阶级斗争成为历史发展的直接动力。

人们正是在生产活动中实现自己的利益需要，首先是物质利益需要的。在生产关系中处于不同地位的人有着不同的物质利益，生产关系实质上是人们之间的物质利益关系。代表旧的既得利益的阶级总是固守旧的生产关系，利用旧的生产关系来保护自身的既得利益。代表新的生产力的阶级总是通过改变旧的生产关系，反对维护旧的生产关系的统治阶级的既得利益，获取本阶级的应得利益。生产力与生产关系的矛盾运动通过利益的动力传递，而展现为人与人之间的阶级矛盾。

　　"一切重要历史事件的终极原因和伟大动力是社会的经济发展，是生产方式和交换方式的改变，是由此产生的社会之划分为不同的阶级，是这些阶级彼此之间的斗争。"²⁵ 文明社会以来的历史就是阶级斗争的历史。自由民和奴隶、贵族和平民、领主和农奴、行会师傅和帮工、资本家和工人，一句话，压迫者和被压迫者，始终处于相互对立的地位，进行不断的、有时隐蔽有时公开的斗争，而每一次斗争的结局都是整个社会受到革命改造，或者是斗争的各阶级同归于尽。

　　——阶级斗争的动力作用首先体现为实现社会形态的更替。当旧的生产关系变成生产力发展的桎梏时，维护旧生产关系的落后阶级同代表生产力发展要求的先进阶级必然形成激烈的对抗。当矛盾达到尖锐化的程度，统治阶级无法照旧统治下去，被压迫阶级也不能照旧生活下去，就具备了发生社会革命的客观形势。在这种情形下，先进阶级用先进思想发动和组织群众，就为社会革命提供了主观条件。只有通过先进阶级反对落后阶级的社会革命，才能推翻反动阶级的统治，建立新的社会形态，从而促进生产力的解放与发展。

　　——阶级斗争的动力作用也体现为推动同一社会形态发生量变。从历史上看，被统治阶级反对统治阶级的斗争，在不同范围内都打击了剥削阶级的统治，迫使其调整某些经济关系与社会政策，由此就会减轻劳动群众的赋税负担，或使劳动群众获得休养生息的机会，进而必将在一定程度上缓和社会矛盾，或多或少地推动了生产力的发展与社会的进步。在我国封建社会，曾经爆发了多次农民起义，如秦末的陈胜、吴广起义，西汉的赤眉、绿林起义，隋末的瓦岗军起义，元末的红巾军起义，明末的李自成起义，清末的太平天国起义等。尽管受农民阶级自身局限性的制约，加之在统治阶级的残酷镇压下，这些起义大多以失败收场，即使取得了胜利，最终也只能是改朝换代。但是，每一次农民起义都推动着封建社会的量变过程：受到打击的封建统治者不得不吸取血的教训，不得不调整统治政策，不得不缓和阶级矛盾，由此在一定程度上促进了生产力的解放和社会的发展。

社会基本矛盾是推动社会历史发展的根本动力。

——**生产力与生产关系、经济基础与上层建筑之间的社会基本矛盾，是贯穿人类社会始终的、决定性的、基础性的社会矛盾。**生产力是人们在物质生产活动中通过利用和改造自然来获取物质资料的力量。生产力是历史唯物主义的基本范畴之一，它表示的是生产中人与自然的关系。生产力是作为系统而存在的，它包括参与社会生产和再生产过程的各种要素，其基本要素包括以生产工具为主的劳动资料、劳动对象、从事物质资料生产的劳动者。劳动资料与劳动对象结合起来构成生产资料。生产资料是生产力中物的要素。具有一定生产经验和劳动技能的劳动者是生产力中人的要素，劳动者是生产力中最活生生的、起主导作用的因素。当然，科技、管理等也是生产力的重要要素。

在生产过程中，人们不仅同自然界发生关系，人们之间也必然发生一定的社会关系。生产关系就是人们在物质生产与再生产活动中所结成的经济关系。生产关系也是历史唯物主义的基本范畴之一。生产关系主要包括生产资料的所有制关系，人们在生产中的地位、作用及人与人的相互关系，以及产品分配关系。生产关系各要素之间互相联系、互相制约、互相作用，共同构成生产关系系统。一定的生产力和一定的生产关系的统一构成生产方式。生产资料所有制关系，即生产资料归谁占有、由谁支配的问题，所有制形式是生产关系的基础，决定生产关系的性质，是区别不同生产关系的主要标志。

经济基础是指与一定生产力状况相适应的、在特定社会中占据统治地位的生产关系的总和；上层建筑是建立在一定经济基础之上的制度设施及思想体系，包括政治上层建筑和思想上层建筑。国家机构、军队、法院、监狱、警察等属于政治上层建筑，哲学、理论、宗教、文学、艺术等观点属于思想或意识形态上层建筑。经济基础与上层建筑的统一构成社会的经济形态，从而决定社会形态的性质和类型。在这里，经济基础与生产关系是两个术语、同一内容：相对于生产力而言叫生产关系，相对于上层建筑来说占统治地位的生产关系则是经济基础。

生产力与生产关系、经济基础与上层建筑的矛盾体现了社会结构诸要素的本质的必然的联系，构成了人类社会的基本矛盾。这两对矛盾存在于一切社会形态中，决定和制约着其他社会矛盾的产生与解决，影响着整个社会的总体面貌，并推动着社会发展的历史进程。

——生产关系一定要适合生产力状况，上层建筑一定要适合经济基础状况，是适用于整个人类历史的基本规律。生产关系一定要适合生产力状况包括三项基本内容：生产力决定生产关系；生产关系反作用于生产力；生产力和生产关系之间的矛盾运动。在一种生产关系产生和确立后的一段时间内，它与生产力的性质与发展要求是基本适合的，对生产力发展起到积极的推动作用；而当生产力发展到一定程度时，原来的生产关系就逐渐变得过时与保守，成为生产力进一步发展的桎梏，客观上要求实现生产关系的推陈出新；新生产关系一旦确立起来，就在新的基础上出现了生产关系与生产力在矛盾运动中的基本适合。生产关系由适合生产力的状况到不适合再到新的适合这一矛盾运动，是一个具体的历史的过程，从而也是推动人类社会不断向前发展的过程。

上层建筑一定要适合经济基础状况体现为，经济基础决定上层建筑、上层建筑反作用于经济基础、上层建筑和经济基础的不断的矛盾运动。经济基础要求上层建筑同自己相适合，这本身就以它们之间某种不适合为前提；同时，对这种不适合状况，或迟或早地变为相适合的条件是，通过社会革命或通过社会改革来解决上层建筑与经济基础的不适合，使之适合。上层建筑与经济基础之间的适合是相对的，其矛盾始终处于不断产生和不断解决的历史过程中。

人类社会从低级向高级发展，是由生产力和生产关系、经济基础和上层建筑的矛盾运动推动的，是生产关系一定要适合生产力状况、上层建筑一定要适合经济基础状况规律发生作用的结果。

在原始社会，人们使用的劳动工具是粗陋的石器，生产力极其低下，劳动产品没有剩余，这种生产力状况决定了原始社会的生产关系是生产资料共同占有，人们共同劳动，劳动产品按需分配，没有剥削，没有压迫，没有阶级差别与对立，人与人之间的关系是平等的。原始社会末期，青铜器这样的金属工具出现了，生产力水平有了提高，产生了剩余劳动产品，使得一部分人占有另一部分人的劳动成为可能，于是产生了社会分工和产品交换，这就促进了私有制的产生，形成了人类历史上第一个剥削制度的社会——奴隶主占有制社会。

奴隶社会的产生是历史的进步。青铜器的普遍应用，畜牧业、农业与手工业的分离，使得大规模利用奴隶的简单劳动协作成为可能。奴隶社会提高了劳动生产率，发展了生产力。奴隶主占有生产资料并占有劳动者——奴隶，是奴隶社会生产关系。奴隶制建立在对奴隶极其残酷的剥削压迫之上，奴隶对生产劳动毫无兴趣和积极性，其解放和发展生产力的作用是有极大的历史局限性的，奴隶采取怠工、逃跑、破坏工具、暴动、起义等形式反抗。奴隶制生产力与生产关系的不可克服的矛盾最后导致奴隶制社会崩溃，封建社会生产关系代替奴隶社会生产关系成为历史的必然。

封建社会代替奴隶社会也是一次历史的进步。封建社会生产关系是封建地主阶级占有生产资料和不完全占有劳动者，封建主运用地租形式，剥夺农民阶级的剩余劳动和剩余产品。发明冶铁技术，使用铁制农具，推进农业和手工业进一步的发展，相对于奴隶社会，封建社会解放和发展了生产力。与奴隶相比，农民有一小部分以个人劳动为基础的个体经济，这就使得农民对生产有着一定程度的主动性。但封建社会生产关系也有极大局限性。封建地主阶级对农民阶级的剥削和压迫，不断激起广大农民的反抗和斗争。随着农业和手工业的发展，在商品经济发展的基础上，资本主义的商品生产逐步成熟，逐步形成了资本主义生产关系，破坏了自给自足的自然经济，封建社会生产关系成了生产力发展的桎梏，从而引起资产阶级革命，封建社会就必然为资本主义社会所代替。

资本主义社会代替封建社会又是一次重大的历史进步。资本主义生产关系代替封建主义生产关系对生产力的发展起着巨大的解放作用。资本主义生产关系的基础是生产资料的资本家占有制，是以资本家占有生产资料并用以剥削一无所有的雇佣劳动者为特征的。资本主义市场经济极大地解放和发展了社会生产力。机器生产代替了手工劳动，蒸汽机的发明和蒸汽动力的广泛应用是一场工业革命。资本主义制度在其发展历程中所创造的生产力，远远大于过去一切时代所创造的生产力的总和。但是，资本主义生产关系也有极大的局限性。资本主义生产方式从产生之日起，就存在着不可克服的矛盾：一方面，资本主义使社会生产过程变为大规模的社会化的生产；另一方面，它又使生产资料越发集中在少数的资本家手里。这就产生了资本主义生产方式的基本矛盾，即生产社会化和生产资料资本主义私人占有之间的矛盾。具体表现为单个企业生产的有组织性和整个社会生产的无政府状态的矛盾，生产能力无限扩大的趋势和社会购买力相对缩小之间的矛盾等。这些矛盾的发展，导致周期性的生产"过剩"的经济危机。无产阶级和资产阶级的阶级矛盾和阶级斗争是资本主义内在矛盾的阶级表现。

随着资本主义的发展，自由竞争被垄断所代替，资本主义由自由竞争阶段发展到了一个新的阶段——帝国主义，即垄断资本主义阶段。垄断资本在社会经济生活中起着决定性的作用。垄断不仅没有消除竞争和生产的无政府状态，没有消除周期性的经济危机，反而使资本主义生产方式所固有的矛盾更加尖锐化。在垄断资本主义阶段，资本主义内部矛盾激化，在不到半个世纪的时间里，先后爆发了两次世界大战。战争引起了社会主义革命，建立了一系列社会主义国家。当今，垄断资本主义已经发展到现代垄断资本主义（又称国际金融垄断资本主义）阶段。资本主义内在矛盾并没有化解，反而更为激化。目前虽然没有爆发世界大战争，但局部战争仍然不断。资本主义生产关系早已成为生产力发展的桎梏，严重地阻碍着生产力的发展。以生产资料公有制来适应社会化了的生产过程，这是历史发展的必然趋势。社会主义革命是不可避免的，社会主义代替资本主义是历史发展的总趋势。

在垄断资本主义和现代垄断资本主义阶段，资本主义的生产关系从根本上说已经成为腐朽的生产关系，严重地束缚着生产力的发展，然而，这并不意味着在资本主义社会条件下，生产力就不再有所发展了，资本主义就寿终正寝了。从唯物主义历史观来看，社会主义代替资本主义是一个相当长的历史过程，在这个相当长的历史过程内，并不排除资本主义经济社会在一定的时间段里获得相对稳定的发展。列宁指出："如果以为这一腐朽趋势排除了资本主义的迅速发展，那就错了。不，在帝国主义时代，某些工业部门，某些资产阶级阶层，某些国家，不同程度地时而表现出这种趋势，时而又表现出那种趋势。整个说来，资本主义的发展比从前要快得多。"[26] 垄断资本主义的腐朽趋势并不排除某些国家在个别阶段内，生产力有相当迅速的发展。第二次世界大战以后，在当今的世界全球化进程中，现代资本主义国家的一系列发展就是如此。

但是，当代资本主义国家生产力的某些发展，并没有也不可能解决资本主义固有的社会矛盾，只是使资本主义固有的内在矛盾在更大的范围内和更高的程度上进一步发展和激化。周期性经济危机是资本主义不可克服的内在矛盾的固定表现。第二次世界大战后资本主义各国发生过多次经济危机，资本主义经济多次出现了长期持续的滞胀趋势、生产停滞和通货膨胀交织在一起的恶性循环，企业大量倒闭，失业人口大量增加，使资本主义经济陷入新的更大的困境，愈益暴露出资本主义经济结构危机的性质。现今爆发的世界金融危机更说明了这一点。现代垄断资本主义是资本主义基本矛盾发展的必然结果，并没有改变资本主义衰退并逐步灭亡的必然趋势。列宁指出："国家垄断资本主义是社会主义的最充分的物质准备，是社会主义的前阶。"[27] 资本主义制度为社会主义制度所替代，这是生产关系一定要适合生产力状况规律发生作用的历史必然，是世界历史发展不可抗拒的时代潮流。

当社会基本矛盾运动的不适应性处于激化和尖锐化时，即生产关系再也容纳不下新生产力的发展、上层建筑再也不适应经济基础的需要时，就需要通过社会革命的方式加以克服。在阶级社会，社会革命表现为激烈的、政治的直至暴力的阶级斗争。先进阶级通过阶级斗争，以新的上层建筑取代没落阶级的政治统治和意识形态，随之变更旧的经济基础，从而为生产力的发展开辟道路。阶级矛盾和阶级斗争是历史发展的直接动因也正是在这个意义上讲的。

革命是解放和发展生产力，改革也是解放和发展生产力。

当社会基本矛盾处于部分、局部不适应状况时，要通过不断的改革以使不适应的生产关系的一些环节和方面适应生产力的发展，使上层建筑的一些环节和方面适应经济基础的发展。在阶级社会中，当这种不适应性初步展现或不太尖锐时，统治阶级可以通过采取改良措施，调整社会政策，在一定程度上缓和阶级矛盾，促使上层建筑和生产关系更好地适应生产力的发展，巩固和维护经济基础。在中国封建社会的历史上，变法、改革等就起到了减轻农民负担、缓和阶级矛盾的作用，调动了农民的生产积极性，促进了社会生产力的发展。

由此看来，天下兴亡的终极原因，历史发展的根本动力，不是神力，不是天命，也不是个别英雄豪杰的作用，更不是思想动机所促成，而是由唯物史观所揭示的最终的物质经济原因所决定的。古罗马帝国之所以盛极一时，因为它实行的是与当时生产力相适应的、比原始社会公社制度进步的奴隶制度，可以创造更多的物质财富。但随着生产力的发展，奴隶制度严重束缚了生产力的发展。生产力与生产关系的矛盾表现为奴隶与奴隶主之间的，由物质的、经济的利益所引发的阶级斗争。奴隶们反对奴隶主的压迫剥削，不断进行反抗，如古罗马著名的斯巴达克起义。奴隶自身的解放实际上就是生产力的解放，在奴隶们反抗奴隶主统治的斗争中，逐步形成了农民阶级和地主阶级，自给自足的封建经济关系逐渐发展起来，越发显示其比奴隶制优越，奴隶制度越发成为生产力进一步发展的桎梏。于是顽固坚持奴隶制度、不作任何改革的古罗马帝国便不可避免地走向灭亡。作为新生产力最主要成分的农民阶级代替奴隶阶级，新兴的封建地主阶级作为统治阶级代替落后的奴隶主阶级，封建制度代替奴隶制度；新兴的资产阶级代替落后的封建阶级，资本主义制度代替封建制度；代表先进生产力的工人阶级代替资产阶级，社会主义制度代替资本主义制度，是历史发展的必然。

四、历史发展的"合力"作用
——黑格尔的"理性的狡计"

在历史进程中，每个人都有自己的行动愿望，可是历史发展又不是完全按照每个人的愿望实现的。除了顺应历史发展趋势的进步意愿，许许多多的个人意愿恰恰实现不了。每个人的有意识的行为最终受不以个人意志为转移的、支配人的某种规律的支配，这种客观规律表现为一种合力作用。

德国古典哲学家黑格尔是唯心主义的辩证法大师。他站在唯心主义立场上，提出"理性的狡计"说，从辩证法的高度揭示了人类社会历史的客观辩证运动的合力作用过程，超越了旧唯物主义历史观的认识局限。黑格尔在《精神现象学》等著作中认为，在社会历史领域，人们尽管抱着一定的目的去行动，但是很少如愿以偿，似乎有一个不以人的意志为转移的客观法则在起作用。黑格尔断言，人的有意识的活动背后肯定隐藏着更深刻的原因，这些原因是未曾被人们意识到而又支配人们行动的最终原因。遗憾的是，黑格尔并没有沿着这一正确的认识深入下去。他认为，人的有意识的活动背后是"世界精神"起作用，"世界精神"统治着历史。每一个人固然都在追求和满足自己的目的，但这只是"世界精神"为满足自己的目的的手段或工具，每个人虽然都进行有目的的活动，但最终结果往往事与愿违，人们都中了理性（世界精神）的计谋，理性（世界精神）实现了自己的目的。

为什么历史是由人的有意识的活动创造的，而社会历史发展的总趋势又表现为不依人的意志为转移的客观规律的合力作用呢？

黑格尔虽然对人的主观能动性同客观规律的辩证关系，对社会历史发展不以人的意志为转移的客观法则的揭示和论证，是非常深刻的，但最终还是归结为"理性的狡计"。唯物史观彻底破解了这个认识难题。恩格斯从唯物史观出发，在 1890 年 9 月 21 日致约·布洛赫的信中提出了著名的历史合力理论。他说："历史是这样创造的：最终的结果总是从许多单个的意志的相互冲突中产生出来的，而其中每一个意志，又是由于许多特殊的生活条件，才成为它所成为的那样。这样就有无数互相交错的力量，有无数个力的平行四边形，由此就产生出一个合力，即历史结果，而这个结果又可以看做一个作为整体的、不自觉地和不自主地起着作用的力量的产物。因为任何一个人的愿望都会受到任何另一个人的妨碍，而最后出现的结果就是谁都没有希望过的事物。所以到目前为止的历史总是像一种自然过程一样地进行，而且实质上也是服从于同一运动规律的。但是，各个人的意志——其中的每一个都希望得到他的体质和外部的、归根到底是经济的情况（或是他个人的，或是一般社会性的）使他向往的东西——虽然都达不到自己的愿望，而是融合为一个总的平均数，一个总的合力，然而从这一事实中决不应作出结论说，这些意志等于零。相反，每个意志都对合力有所贡献，因而是包括在这个合力里面的。"[28] 历史合力论表明：

——人的思想意识及其活动是受人所生活的社会物质条件制约的。社会物质条件不仅决定人的思想意识及其活动是这样而不是那样，而且还决定人的思想实现程度、活动的成败得失。个人乃至阶级的意志及其活动，可以加快或延缓社会历史的进程，但不能根本改变历史的总进程、总趋势。个人是作为社会整体联系、整个过程中的一个因素、一个原子而有机地加入社会整体运动之中的。个人的自觉活动不过是社会整体运动的一个环节、一个因素、一个部分，要受社会

109

复杂系统的诸要素、诸过程、诸关系的相互作用，要受相互联系的社会有机体机制的制约。

——**人的思想动机背后隐藏着不以人的意志为转移的客观物质力量**。历史活动是由人创造的，社会关系是由人所建立的，但个人往往是无法预料，或者不能完全意识自己的活动及其创造物会有什么样的结果。比如，蒸汽机的创造者就不曾料到他的创造物会给社会带来这么巨大的影响。人的思想意识背后隐藏着不以人的意志为转移的社会物质经济原因。

——**社会历史合力表现为不以人的意志为转移的客观的发展规律**。在历史活动中，每个人都有自己的目的和愿望，但每个人的有意识的活动在总的历史发展过程中，互相交错、互相协助、互相矛盾、互相抵消，融合成一个不以任何一个人的愿望为转移的历史合力。

马克思主义合力理论告诉我们，在社会历史领域活动的都是一个一个现实的人，每个人的活动都是有意志的活动，而每个人的意志都受其存在的社会条件所制约与影响。无数有意识活动的个人之间都有冲突，并且相互抵消，最后形成一个总的历史的合力。这个总的历史力量是不以任何个人的意志为转移的客观力量，历史发展的最终结果是由历史的合力促成的。这个历史合力既包含有历史活动中每个人的有意识的行为作用，又表现为受最终物质经济原因支配的，不以个人的意志为转移的客观合力规律作用。

五、正确认识和处理社会主义社会矛盾
——从波匈事件看社会主义社会矛盾问题

1956 年，震惊世界的社会主义阵营的波兰波兹南和匈牙利事件（简称波匈事件）吸引了全球人的眼球。波匈事件是指 1956 年 6 月波兰西部波兹南城发生的流血事件，还有1956 年 10 月 23 日至 11 月 4 日匈牙利发生的震惊世界的社会动乱。

波兹南事件发生的重要原因是波兰党在社会主义建设中不顾本国国情照搬苏联模式，致使经济不景气，影响人民生活水平的提高。1956 年 6 月，波兹南的斯大林机车车辆厂工人要求政府增加工资和减少税收，与政府谈判陷入僵局，致使该厂工人举行示威游行，部分示威者冲击政府机关，夺取武器，开枪射击公安人员，政府当局出动警察进行镇压。冲突中，死 54 人，伤 200 多人，数百人被捕。

匈牙利建国后，以拉科西（Rakosi, 1892—1971 年）为首的领导集团照搬苏联的经济、政治模式。1949 年 6 月以

后在清洗"铁托分子"运动中，又造成一批错案，加之生活必需品严重短缺，引起匈牙利人民的强烈不满。1956年6月发生的波兹南事件和10月举行的波苏会议，对匈牙利事态的发展产生了直接影响，从而在1956年10月引发了大规模的流血冲突，部分学生、工人、士兵同苏军发生了武装冲突。事件发生后，匈牙利劳动人民党瓦解。11月1日晚，匈牙利社会主义工人党宣告成立，动乱逐渐平息。匈牙利事件爆发除了国内经济、政治原因之外，西方帝国主义和国内反革命分子利用也是一个重要因素。

波匈事件的爆发，引起了社会主义的实践者们的深思，提出了一个大问号：社会主义国家内部存在不存在矛盾，存在怎样的矛盾，怎样处理社会主义社会的矛盾问题？

人类社会充满了矛盾。没有矛盾，就没有人类历史，也没有社会发展。只要有人类活动的地方，就会有矛盾；旧的矛盾解决了，又会产生新的矛盾。社会矛盾是人类社会发展的内在动因，社会矛盾运动是社会发展的客观规律，社会主义社会也绝不例外。

然而对社会主义社会矛盾问题的认识，社会主义的实践者们却经历了一个曲折的认识过程。马克思主义经典作家只是一般地论述到了社会矛盾问题，揭示了社会矛盾在社会历史发展中的动因作用，社会矛盾运动是社会发展的客观规律，但并没有具体地揭示社会主义社会的矛盾规律。

承认不承认社会主义社会矛盾的存在，承认不承认社会主义社会矛盾运动的客观规律，如何正确处理好社会主义社会存在的矛盾，是社会主义各国的建设实践者所遇到的一个重大课题，对这个重大课题的科学解答，关系到社会主义各国发展的前途和命运。

鉴于波匈事件的教训，根据我国国内的新情况，毛泽东深刻总结了我国社会主义建设的实践经验，也注意总结斯大林和苏联党关于认识和处理社会主义社会矛盾的经验教训，在党的八大科学回答国内主要矛盾发生转变的前提下，又发表了《论十大关系》和《关于正确处理人民内部矛盾的问题》，深刻认识和把握社会主义社会矛盾规律，创造性地发展了马克思主义关于社会主义社会矛盾的理论。一是把对立统一规律贯彻到对社会主义社会的研究中，通过对社会主义社会矛盾特殊性的揭示，坚持了矛盾普遍性的原理，阐明了社会主义社会不是没有矛盾而是充满矛盾，只是这种矛盾和旧社会的矛盾不同，它是非对抗性的矛盾，可以经过社会主义制度本身，不断得到解决。二是明确指出社会主义的基本矛盾仍然是生产关系和生产力之间、上层建筑和经济基础之间的矛盾，其特点是它们之间既有基本适应的一面，又有不相适应的一面。三是提出了人民内部矛盾和敌我矛盾两类不同性质矛盾的学说，认为敌我矛盾是对抗性的矛盾，人民内部矛盾是非对抗性的矛盾，二者解决的办法是不同的。人民内部矛盾是社会主义社会大量存在的矛盾，"正是这些矛盾推动着我们的社会向前发展"[29]。**四是**关于国内的主要矛盾，明确指出，革命时期的大规模的急风暴雨式的群众阶级斗争已基本结束，我们的根本任务已经由解放生产力变为在新的生产关系下保护和发展生产力。

然而，事情的发展是曲折的。在"反右"开始后，毛泽东逐步违背关于社会主义社会矛盾问题的正确论断，把阶级斗争看作我国社会主义社会面临的主要矛盾，违背了社会矛盾规律。在错误理论路线指导下发动的"文化大革命"，给中国人民和社会主义事业造成了深重的灾难。这个教训从反面说明了正确认识社会主义社会矛盾的极端重要性。

1978年党的十一届三中全会以来，我们党彻底清理和纠正了长期存在的"左"倾思想和理论观点，其中也纠正了关于社会主义社会矛盾问题的错误观点。党的十一届三中全会果断地停止使用"以阶级斗争为纲"的口号，恢复了我们党八大和《关于正确处理人民内部矛盾的问题》关于社会基本矛盾、主要矛盾、人民内部矛盾的正确理论，对社会主义时期的阶级斗争进行了新的理论概括，指出在剥削阶级作为阶级消灭以后，阶级斗争已经不是社会主义社会的主要矛盾，但由于国内的因素和国际的影响，阶级斗争还将在一定范围内长期存在，在某种条件下还有可能激化。

当然，我们党并没有仅仅停留在拨乱反正的工作上，而是从总体上提出了对社会主义矛盾规律、对社会主义的再认识问题，进一步发展关于社会主义社会矛盾的理论：**一是**进一步深化对社会主义社会基本矛盾的认识，认为在我国目前初级阶段的社会主义条件下，社会基本矛盾仍然是生产力与生产关系、上层建筑与经济基础之间的矛盾，它们既相适应，又不相适应，改革就是解决社会主义基本矛盾不适应的方面和环节，是社会主义制度的自觉调整和自我完善。改革是推动社会主义不断发展的强大动力。**二是**恢复和坚持党的八大关于国内主要矛盾的正确论述，明确作出人民群众日益增长的物质文化需要同相对落后的社会生产之间的矛盾是社会主义初级阶段的主要矛盾的科学判断，果断地停止以阶级斗争为纲的错误提法和做法。**三是**充分认识到生产力在社会主义基本矛盾运动中的决定性作用，把生产力标准提到第一位，把发展生产力作为社会主义的根本任务，"把是否有利于发展社会生产力作为检验一切改革得失成败的最主要标准" [30]，作为"考虑一切问题的出发点和检验一切工作的根本标准" [31]。**四是**深刻认识到我国多年来形成的过分集中的僵化的社会主义经济—政治体制，严重地束缚了社会生产力的发展。目前我国改革的迫切任务就是在坚持社会主义制度的前提下，改革不适应生产力发展的僵化的经济—政治体制，建立以公有制为主体、多种所有制并存，以按劳分配为主、多种分配方式并存的基本经济制度，建立社会主义市场经济体制，建立社会主义民主政治和法制体系，进一步解放生产力，使社会主义真正变得生机盎然、充满活力。**五是**坚持实事求是的思想路线，具体分析我国的国情，从我国生产力的实际状况出发，明确指出我国正处于并将长期处于社会主义初级阶段，说明必须从这个最基本的重要国情和客观实际出发，不能做超越社会发展阶段的事情，形成了党在社会主义初级阶段的基本路线。**六是**明确提出了正确认识和处理新时期人民内部矛盾问题，按照统筹兼顾的原则，兼顾各方利益，协调各种利益关系，调动一切积极因素，走共同富裕的道路，努力发展中国特色社会主义。

社会主义的运动实践表明，每当社会主义的领导力量对社会矛盾判断和处理失误，就会严重影响社会主义的民主和法制建设，就会给社会主义建设带来不应有的损失。实际上，社会主义社会的矛盾是一个复杂的系统，有着特殊复杂的运动规律，人们只有自觉地、系统地认识社会主义社会矛盾的运动规律，才能自觉地而不是被动地、正确地而不是错误地处理社会主义社会的矛盾，才能按照社会主义社会矛盾

的客观规律，建立起能够有效协调社会矛盾的体制机制，保
证社会主义社会协调和谐发展。

结　语

恩格斯指出："现代唯物主义把历史看做人类的发展过
程，而它的任务就在于发现这个过程的运动规律。"[32] 历史
唯物主义是在充分揭示物质生产在社会生活中的地位和作用
的基础上建立起来的。它把物质生产的发展理解为整个社会
生活以及整个现实历史的基础，并在此基础上阐明物质生产
方式制约着整个社会生活、政治生活和精神生活，从而揭示
了社会发展是一个自然历史过程，揭示了生产关系适合生产
力状况、上层建筑适合经济基础状况的客观规律，说明了社
会历史发展的根本动力和最终动因。

注　释

1　北京大学哲学系外国哲学教研室编译:《古希腊罗马哲学》，商务
印书馆 1982 年版，第 21 页。

2 《马克思恩格斯文集》第2卷，人民出版社2009年版，第591—592页。

3 《马克思恩格斯文集》第10卷，人民出版社2009年版，第591页。

4 《马克思恩格斯选集》第4卷，人民出版社1995年版，第732页。

5 《马克思恩格斯选集》第4卷，人民出版社1995年版，第696页。

6 《列宁专题文集 论社会主义》，人民出版社2009年版，第357—358页。

7 《马克思恩格斯文集》第8卷，人民出版社2009年版，第29页。

8 《马克思恩格斯文集》第1卷，人民出版社2009年版，第540—541页。

9 《列宁专题文集 论辩证唯物主义和历史唯物主义》，人民出版社2009年版，第161页。

10 《马克思恩格斯文集》第5卷，人民出版社2009年版，第10页。

11 《马克思恩格斯文集》第1卷，人民出版社2009年版，第604页。

12 《列宁专题文集 论辩证唯物主义和历史唯物主义》，人民出版社2009年版，第162页。

13 《马克思恩格斯文集》第2卷，人民出版社2009年版，第14页。

14 《列宁专题文集 论辩证唯物主义和历史唯物主义》，人民出版社2009年版，第185页。

15 《邓小平文选》第三卷，人民出版社1993年版，第382—383页。

16 《马克思恩格斯文集》第2卷，人民出版社2009年版，第43页。

17 《马克思恩格斯文集》第2卷，人民出版社2009年版，第592页。

18 《列宁全集》第55卷，人民出版社1990年版，第270页。

19 《列宁全集》第55卷，人民出版社1990年版，第274页。

20 《马克思恩格斯文集》第2卷，人民出版社2009年版，第602页。

21 《马克思恩格斯文集》第4卷，人民出版社2009年版，第304页。

22 《马克思恩格斯文集》第4卷，人民出版社2009年版，第305页。

23 《马克思恩格斯文集》第4卷，人民出版社2009年版，第305页。

24 《马克思恩格斯文集》第4卷，人民出版社2009年版，第306页。

25 《马克思恩格斯文集》第3卷，人民出版社2009年版，第509页。

26 《列宁专题文集　论资本主义》，人民出版社2009年版，第210页。

27 《列宁专题文集　论资本主义》，人民出版社2009年版，第235页。

28 《马克思恩格斯文集》第10卷，人民出版社2009年版，第592—593页。

29 《毛泽东文集》第七卷，人民出版社1999年版，第213页。

30 《十一届三中全会以来重要文献选读》下，人民出版社1987年版，第772页。

31 《十三大以来重要文献选编》上，人民出版社1991年版，第131页。

32 《马克思恩格斯文集》第3卷，人民出版社2009年版，第543页。

做历史发展的促进派

——历史选择论

在历史面前，人不是无所作为的，人对历史是有选择性，有主观能动性的。但这种选择又是有条件的，要按照历史发展规律来选择，这是历史选择论。

唯物史观肯定，在一定的历史条件下，人对历史的发展有一定的主体能动性，从而有一定的选择性。当然，过分夸大人的主观选择性，必然导致唯意志论，滑到唯心史观的泥坑。而否认人的主观能动作用，只承认不可抗拒的客观规律性，必然导致历史宿命论。人的选择性是在一定客观条件限度内，通过发挥人的主观能动性，顺应社会客观规律的必然趋势的主动选择。历史唯物主义是历史决定论基础上的历史选择论。

一、历史不过是追求着自己目的的人的活动而已
——风云际会的近代中国

人是社会条件的产物。但是，这不等于说人在社会、自然面前是无所作为、完全被动的。社会发展是一种自然历史

过程，同时又是人的能动创造过程。人类社会就是在客观条件、历史际遇、时代大势以及人的主体活动的交互作用中前行的。必须在尊重客观规律、按客观规律办事的前提下，人们才可以在多种可能性中作出正确的选择，而只有符合客观规律的选择，顺应客观规律的行事，才能成功。

近代以来的中国，清王朝的统治风雨飘摇，帝国主义列强侵略欺凌，中华民族面临着亡国灭种的深重危机。无数有血性的先进的中国人苦苦找寻救国良方，探索拯救黎民于水火的道路。龚自珍（1792—1841 年）、魏源（1794—1856年）等作为最先睁开眼睛看世界的人，深感中国的积贫积弱、国势衰微、社会腐败、人才匮乏，主张中体西用，引进西方的器用技艺、坚船利炮，"师夷之长技以制夷"，打破因循守旧、沉闷僵化的局面，呼唤人才辈出时代的来临。龚自珍曾在《己亥杂诗》中写道："九州生气恃风雷，万马齐喑究可哀。我劝天公重抖擞，不拘一格降人才。"戊戌变法时期的风云人物康有为（1858—1927 年）、梁启超（1873—1929 年）、谭嗣同（1865—1898 年）、严复（1854—1921 年）等人，则力主启蒙与改良，开民智，鼓民力、新民德，培养公民精神，实行君主立宪。孙中山（1866—1925 年）提出资产阶级民主主义思想，走上了武装反清的暴力革命之路，于 1911 年 10 月发动武昌起义，推翻了清朝长达两百多年的专制统治。

辛亥革命之后，进步与保守、前进与倒退、革命与反革命、民族独立与民族压迫之间的矛盾与斗争仍然相当激烈。新文化运动高举民主与科学的大旗，中国先进的知识分子接受和传播了马克思主义。中国共产党的成立作为一个历史大事件，使中国革命由旧民主主义革命转变为新民主主义革命。在经历了第一次国内革命战争、土地革命战争，中国人民的抗日战争胜利以后，又面临着两个中国之命运的生死抉择。中国共产党领导人民推翻了国民党反动派的统治，使中国走向了自由、民主、光明的社会主义征程。

近代以来的中国，就是在各种思想、政治与文化力量的斗争、融会中，在救亡与启蒙的双重变奏中，在客观情势与主体活动中，走着自己艰难的道路。各种政治力量、各种历史人物都试图按照自己的利益和世界观改造中国，都试图对中国前行的过程施加影响。正是在各种力量的交互作用中，中国走出了一条由改良到革命、由旧民主主义革命到新民主主义革命、由新民主主义革命到社会主义革命的曲折道路。这一曲折道路，说明了中国社会历史发展的必然结局和中国人民历史选择的正确性，显示了社会规律的客观必然性与主体选择性的双重特征，证明了唯物史观是历史决定论与历史选择论的有机统一。

在如何理解社会历史客观规律和社会历史发展最终动力的问题上，存在历史决定论与历史非决定论的区别，存在着唯物主义与唯心主义的区别。

历史决定论认为社会历史发展是有其历史必然性的，是有客观规律的，是由某种力量最终决定的。历史非决定论恰恰相反，认为历史发展是偶然的、无规律可循的，因而历史发展并不存在终极原因。历史非决定论实质是唯心主义历史观。历史决定论可以区分为唯物主义决定论和唯心主义决定论。唯物主义决定论又分为旧唯物主义机械决定论和辩证唯物主义辩证决定论。唯心主义决定论也有主张辩证决定论的，如黑格尔就是唯心主义辩证决定论者。马克思主义哲学是唯物主义的、辩证的决定论。神创论、天命论、客观精神决定论和主观精神决定论都是唯心主义决定论。一切旧唯物主义决定论由于其在社会历史认识上的形而上学片面性，终将导致机械决定论，而机械决定论最终依然逃脱不了唯心史观的窠臼。机械决定论者认为社会历史有规律可循，社会历史是决定性的，而不是非决定性的，但否认了社会历史的特殊性，否认人的主观能动性。

社会历史事件的确独一无二、不可重复，但社会历史规律并非社会历史事件，它是隐藏在社会历史事件背后的深层规律。尽管社会历史事件不可重复，但社会历史规律及其作用具有可重复性，并通过不可重复的、偶然的历史事件表现出来。无论是英国的工业革命、法国的大革命、美国的独立战争、日本的明治维新，还是中国的辛亥革命，都是不可重复的社会历史事件。但正是透过这些社会历史事件，体现了资本主义社会代替封建社会的历史规律性与必然性，体现了社会历史发展进步的潮流。

社会历史过程即人的活动过程，社会历史规律即人的活动规律。若离开人的社会实践活动，社会历史过程就无从展开，社会历史规律就无从生成。但人的社会实践不是纯粹主观任意的行为，而是要受到社会历史条件制约的，其选择与创造活动是在社会历史发展的"可能性空间"中进行的。人类社会的发展是既合规律性，又具有主体选择性的历史过程。承认人的主体能动性、选择性与创造性同承认社会历史过程的规律性与必然性并不矛盾。在社会历史领域，人们的预见能够引发其行动，因而能够主动地消除、避免、延缓或者加速所预言的事件的出现。从表面上看，似乎社会历史由人的主观愿望任意造成，因而不可能对社会历史的未来发展与走向作出预见。实际上，人们能够根据预见采取相应的行动，以消除、延缓、避免不利的发展趋势，促使事物有利的发展趋势变成现实，正是社会历史可以预见的明证。这不仅证明社会历史领域存在着客观规律，而且证明人们可以根据对于客观规律的认识而自觉活动、趋利避害。

社会规律是在社会领域中形成和发挥作用的客观规律，是社会"本身运动的自然规律"[1]。承认社会规律的客观性和必然性，并不意味着把这种规律看作外在于人的活动而独立存在和发挥作用的。

历史是人们通过自己的活动而实现自身发展的历史，是追求着自己目的的人的活动的历史。社会规律是通过人们的活动实现的，是"人们自己的社会行动的规律"[2]。在自然界中，没有任何事情是作为预期的自觉的目的发生的。而在社会历史领域内进行活动的，全是具有意识的、经过思虑或凭激情行动的、追求某种目的的人；任何事情的发生都不是没有自觉的意图、没有预期的目的的。虽然历史是像一种自然过程一样进行的，"历史进程是受内在的一般规律支配的"[3]，但是，历史的过程及其一般规律是通过人的有目的、有意识的活动形成和实现的，唯物史观是承认人的历史选择性的。

人是社会历史活动的主体。社会的物质生产实践和其他实践，都是人们为了满足自身的生存和发展需要而进行的。

在人与历史的关系中，人是历史的创造者、是历史的目的，而不是历史用来达到自己目的的工具。马克思和恩格斯在《神圣家族》一书中指出："历史什么事情也没有做，它

'不拥有任何惊人的丰富性'，它'没有进行任何战斗'！其实，正是人，现实的、活生生的人在创造这一切，拥有一切并且进行战斗。并不是'历史'把人当做手段来达到自己——仿佛历史是一个独具魅力的人——的目的。历史不过是追求着自己目的的人的活动而已。"[4]

人既是历史的剧中人，又是历史的剧作者；既受客观规律和客观条件的制约，又以自己的实践活动创造了历史。社会发展规律本质上是人的实践活动规律，是通过人的实践生成和实现的。而人的实践是具有选择性和创造性的、有目的有意识的、自觉能动的感性物质活动。

社会历史的规律性和必然性是在人的有选择的实践活动中生成和实现的。人们的社会活动并非只有一种可能性，社会规律作为普遍的、必然的联系并非只能通过一种方式表现出来。人类社会由于受主体与客体、历史与现实、内部与外部诸多因素的影响，其发展的趋势、方向、道路、方式是多样性的。在历史发展过程中，特别是在重大历史转折时期，由于各种因素的相互作用，人们的活动、社会发展的走向，总是具有多种可能性。而社会历史将朝着哪一个方向、通过什么道路、采取什么方式前进，哪一种可能性将变为现实，在一定客观条件下，也在于人的选择。选择作为人的主体能动性和创造性的表征，便成为社会发展的关键性环节。

在历史面前，人不是无所作为的，人对历史是有选择性、有主观能动性的。但这种选择又是有条件的，要按照历史发展规律来选择，这是历史选择论。

孙中山讲：世界潮流，浩浩荡荡，顺之则昌，逆之则亡。"世界潮流"是讲历史决定论，谁也不可违背；"顺之则昌，逆之则亡"是讲历史选择论。符合历史规律的选择是正确的，是可以成功的，是有利于人的生存和发展的；违背历史规律的选择是错误的，是必然遭到失败并受到历史惩罚的。唯物史观就是历史决定论和历史选择论的结合。人的主体选择在社会发展中起着重要作用，但人的选择绝非主观任意的行为。人的选择是有条件的，是受不依人的意志为转移的必然性和规律性制约的。

人的选择，从根本上来说，是人民的选择。

历史的活动是人民群众的事业，人民群众是历史的创造者。民心民意反映了社会发展的客观规律和人类历史的必然趋势。社会发展的规律与人民群众的活动是紧密相连的，大势所趋与人心所向是高度一致的。研究社会发展规律，就必须研究人民群众的活动；预见社会发展趋势，就必须关注人民群众的愿望诉求；尊重社会发展规律，就必须顺应人民群众的历史选择。杰出人物之所以能够引领时代，影响历史，建功立业，就在于反映了人民群众的愿望，代表了人民群众的利益，从而遵循了社会发展规律，把握了历史必然趋势。
若脱离人民，违背规律，自视甚高，任意妄为，不仅一事无
成，而且必遭历史的惩罚。

二、在尊重客观规律的前提下，发挥人的历史选择性
——"人有多大胆，地有多大产"错在哪里

1949 年 10 月 1 日，新中国成立了。中国共产党领导人
民迅速恢复了国民经济，成功地完成了生产资料的社会主义
改造，建立了社会主义制度，提前完成了第一个五年计划，
取得了举世瞩目的伟大成就。但是党不满足以往的发展速
度，希望加快社会主义建设步伐，力图用尽可能短的时间，
使中国摆脱"一穷二白"的落后状态，犯了革命的急性病，
提出了"争取七年赶上英国，再加八年或者十年赶上美国"。
1958 年，掀起了一场万马奔腾、轰轰烈烈的"大跃进"运
动。一些人头脑发热，提出了一些不切实际的错误口号，比
如，"人有多大胆，地有多大产""不怕做不到，就怕想不到；
只要想得到，就能做得到""天上没有玉皇，地上没有龙王，
喝令三山五岳开道，我来了""我国粮食要增产多少，是能
够由我国人民按照自己的需要来决定的"等，甚至提出"应

积极运用人民公社的形式，探索出一条过渡到共产主义的具体途径"。一时间，许多重要生产指标纷纷放出"卫星"。

"愿望失去了理性，干劲离开了科学，想象代替了现象。""大跃进"期间是一个普遍激情的年代，一些人头脑不同程度地发热，失去了应有的科学冷静。全民动员，砸锅毁林，大炼钢铁；办起大食堂，吃饭不要钱；放开肚皮吃饭，拉开架势干活……似乎离共产主义的大门仅有一步之遥了。

然而，问题很快就暴露出来了。"浮夸风""共产风""强迫命令风"泛滥，浪费惊人，国民经济严重失调，工业生产全面紧张，农村生产力受到严重挫伤，一些地区出现了断炊逃荒现象，造成了重大损失。当然，对"大跃进"也不能完全否定，比如说开辟了一些新的工业基地，建立了一些新的工业部门，积累了一些全面建设社会主义的经验，但从全局来说，是失大于得，是一次欲速则不达的错误行动。"大跃进"是从良好愿望出发，采取了错误的方法，遭到了严重挫折的一次失败的尝试。"大跃进"一方面反映了党和广大人民群众在胜利完成社会主义改造、确立社会主义制度之后，建设热情空前高涨，急于改变中国落后面貌的强烈愿望；另一方面也反映了我们党在社会主义建设上缺乏经验，犯了急于求成，将战争年代的办法用于建设时期的错误。

唯物史观从来是承认人的历史选择性的，提倡积极发挥人的主观能动作用和创造精神。但是，创造历史不能随心所欲，人的历史选择不能离开一定的物质前提和条件，不能违背客观规律，必须在尊重客观规律的前提下，发挥人的历史选择性和主动性。

"大跃进"的教训是深刻的。反映在哲学上，有一个正确处理客观规律和历史选择性，即历史决定论和历史选择论的关系问题。恩格斯说："我们自己创造着我们的历史"，但是，"我们是在十分确定的前提和条件下创造的。其中经济的前提和条件归根到底是决定性的"。[5]"大跃进"恰恰忽视了中国经济落后、底子薄、人口多、耕地少、80% 人口是农民等最基本的前提和条件，误以为仅仅依靠大搞群众运动和革命热情，依靠发挥主观能动性，就能在短时间内改变中国面貌，赶上甚至超过英、美。实际上，这背离了马克思主义哲学，过分夸大了人的历史选择性的作用，违背了客观规律，滑入了主观唯心主义。

社会历史发展的规律不以人的意志为转移，这是它的客观性，同时它又是一个人的有意识的、能动的选择和创造过程。这就是说，在客观规律的发展过程中有人的主观能动的历史选择性起作用，社会规律发展过程体现了客观性与主观性、决定性与选择性二者的矛盾统一。

任何人的历史选择性都离不开客观条件的限制，离不开客观规律的作用。人的历史选择性符合客观规律则对历史的发展起到促进作用，否则起阻碍作用，这就是历史发展的客观规律决定性和历史选择性的关系。

人类在创造历史的选择进程中，既要讲条件，又不能唯条件。"有条件上，没有条件也要上"，这句话背离了唯物论。在我国社会主义建设历史上超越客观条件的许可、违背客观发展规律，过分夸大人的历史选择性的问题就曾发生过。离开了客观条件，只讲历史选择性，就会违背客观发展规律，就成了主观唯心主义。因此，既要坚持有条件论，又不能搞唯条件论。

历史发展是不以人的意志为转移的客观发展过程，人们对本民族、本国家的生产力和经济发展状况是无法作出主体选择的。但在一定的生产力条件下，在一定的经济发展状况范围内，人作为历史发展的主体，对历史的发展应当有一定的历史主动性，有一定的历史选择性。

社会主义在中国的实现，就是在一定的生产力条件下，经过中国共产党人和中国人民前赴后继的努力选择的结果，这里面既有历史发展的必然性，又有人民的主观努力选择的结果。然而，我们对我国落后生产力水平的客观状况是无法作出选择的，我们必须要在落后生产力基础上建设社会主义，这是由我国的特殊国情条件所决定的。

历史进步的总趋势是不可逆转的，这既是由社会发展客观规律决定的，也取决于人民群众的积极选择推动，要顺应历史进步的潮流，做历史发展的促进派。

社会规律是客观存在的，是不以人们的意志为转移的，其强制性作用决定了历史进步具有客观必然性；社会规律又是"人们自己行动的规律"，人民群众改造世界的社会实践能够产生巨大的能动选择作用，体现了社会规律的客观要求。尊重社会规律与顺应人民意愿本质上是一致的。先进阶级和政党的重要作用在于，既顺应社会规律的客观要求，又反映人民群众的根本利益。如果说社会规律的强制性表现为"世界潮流，浩浩荡荡"，人民群众的选择性体现为"顺之者昌，逆之者亡"，那么二者的结合就是无法改变的历史进步的总趋势。一切阻挡历史进步车轮的反动派之所以陷于失败，归根结底是违背了社会规律，从而也违背了人民意志。与之相反，一切顺应历史进步潮流的先进阶级或政党之所以取得最终胜利，也在于既遵循了社会规律，又代表了人民意志，是历史进步的促进派。

袁世凯（1859—1916年）是中国近代史上最具争议的人物之一。辛亥革命后，袁世凯一方面凭借武力镇压革命，另一方面暗中与革命党人谈判。随后，袁世凯逼迫清帝退位，又迫使孙中山提出辞职，在国会、民众请愿团、筹安会和各省国民代表的"推戴"下，于 1913 年 10 月 6 日出任中华民国第一任大总统。然而，袁世凯的野心并未就此打住，他内心中始终做着一个"皇帝梦"。他自以为是天意选定的人物，可以随心所欲地改变历史进程。1915 年 12 月 12 日，他强改民国五年（1916 年）为"洪宪元年"，把总统府改为新华宫，准备于 1916 年元旦加冕登基。

袁世凯的倒行逆施，引发了沸腾的民怨，激起了全国人民的义愤。孙中山、梁启超等人坚决反对帝制，北洋将领段祺瑞（1865—1936 年）发出了"恢复国会、退位自全"的电文，帝国主义列强也分别向其提出了警告。12 月 25 日，蔡锷（1882—1916 年）、唐继尧（1883—1927 年）等在云南宣布起义，发动护国战争，讨伐袁世凯。随后，贵州、广西也相继响应。在全国多方面的声讨和各种势力的打击下，袁世凯被迫于 1916 年 3 月 22 日宣布退位，取消帝制，恢复"中华民国"年号。5 月下旬，袁世凯忧愤成疾，怏怏离开了人世。

袁世凯从登基到退位仅仅 83 天，一出闹剧沦为历史的笑谈。为什么会如此呢？

或许原因是多方面的。但深层的原因在于，辛亥革命摧毁了统治中国两千多年的封建君主专制制度，建立了民主共和国，由此使民主共和观念日益深入人心，也使人民群众的民主意识和觉悟程度逐步提高。在当时的历史条件下，选择支持民主共和就是对历史进步潮流的顺应，就会获得广大民众的拥护；反之，选择恢复帝制就是对历史潮流的违背，就会遭到全国人民的唾弃和历史的惩罚。

袁世凯这场闹剧充分说明，凡是违背历史进步潮流而选择倒行逆施的人，无论多么骄横跋扈、显赫一时，都必将受到人民群众的审判，最终也改变不了历史进步的大趋势。

三、只有社会主义才能救中国，只有中国
特色社会主义才能发展中国
——中国人民唯一正确的历史选择

公元前 321 年，萨姆尼特人在古罗马卡夫丁城附近的卡夫丁峡谷击败了罗马军队，并迫使罗马战俘从峡谷中用长矛架起的形似城门的"牛轭"下通过，借以羞辱战败军队。后来，人们便用"卡夫丁峡谷"比喻灾难性的历史经历，卡夫丁峡谷成了"耻辱之谷"的代名词，并进而引申为人们在谋求发展的过程中所遇到的巨大困难、挑战和苦痛。马克思也曾引用"卡夫丁峡谷"一词，用来特指资本主义制度，并用跨越"卡夫丁峡谷"的设想表达俄国农村公社可以绕开资本

主义制度的曲折，避免资本主义制度的苦难，走上社会主义道路的可能性。

马克思、恩格斯在创立和发展科学社会主义理论的过程中，开始注意力和着眼点主要放在西方发达资本主义国家。他们从社会一般发展规律出发，根据当时的实际，认为社会主义革命将首先在生产力比较发达、无产阶级人数众多的西方发达资本主义国家发生，至少是在几个主要发达资本主义国家同时发生时才能胜利。但后来的社会实践发展促使他们开始关注并研究东方国家和民族发展道路，研究西方国家社会主义革命和东方国家社会主义革命的不同情况。

1867 年，《资本论》第 1 卷出版。此时正值俄国废除奴隶制并向资本主义过渡的时期。俄国学者和政论家对《资本论》提出的由封建生产方式向资本主义生产方式转变的历史必然性以及俄国社会发展道路等问题展开了激烈争论。1881年 2 月 16 日，俄国人查苏利奇（Zasufich，1849—1919 年）致信马克思，希望他就俄国农村公社的命运以及世界各国是否都要经过资本主义生产各阶段发表看法。1881 年 2 月至3 月，马克思在给查苏利奇的复信中先后拟了四个草稿，在这些草稿中，马克思倾向于认为，虽然俄国农村公社面临危机，但在当时的历史环境下，俄国农村公社还有另一种命运和前途，即吸收、运用资本主义的一切肯定成果，可以"不通过资本主义制度的卡夫丁峡谷",而成为俄国社会复兴的因素,成为俄国社会新生的支点。

马克思关于跨越资本主义制度的"卡夫丁峡谷"的设想,对于我们今天研究中国特色社会主义道路具有重要的历史观方法论意义。中国特色社会主义道路的成功开创,说明在具备一定的历史条件下,在经济社会发展相对落后的国家,吸收、利用资本主义的积极成果,不经过资本主义制度的"卡夫丁峡谷",步入社会主义道路,既是可能的,也是合乎历史发展逻辑的。

只有社会主义才能救中国。将中国革命引向社会主义前途,走社会主义道路,进行社会主义建设,在中国取得了成功。

纵览中国近代史,可以看到一个丧权辱国、割地赔款、受人欺负的"东亚病夫"的弱国形象。中国近代史的开端是鸦片战争,在鸦片战争之前中国也曾辉煌过。据历史学家统计,在康乾盛世,我国的 GDP 世界第一,占世界总量的三分之一。1840 年鸦片战争,中国沦为半殖民地半封建国家。如何振兴中华民族?如何再创辉煌?这是中华民族一切有志之士的共同理想和奋斗目标。在近代历史进程中,涌现出不少志士仁人,为了中华民族的振兴,作出了不懈的努力,提出了种种救国方案。林则徐(1785—1850 年)启动的禁烟运动，是在维护封建统治的基础上，试图通过禁烟恢复中华民族的辉煌，但这条路根本走不通；以洪秀全（1814—1864年）为代表的太平天国农民运动吸收部分西方文明思想，提出具有农民起义局限性的革命方案，虽然轰轰烈烈，给予了封建统治阶级以重大打击，但在中外反动势力联合镇压下惨遭失败；左宗棠（1812—1885年）、李鸿章（1823—1901年）、张之洞（1837—1909年）等人发起的洋务运动，引进西方先进的工业和武器，然而洋务运动是在保持原有封建制度的基础上，走的是西方工业化的老路，其结局是甲午海战全军覆没，求富求强的愿望最终化为泡影；以康有为、梁启超为代表的维新派发动了戊戌变法运动，百日维新，试图在维护封建制度框架内，通过改良解救中国，结果戊戌变法的斗士在菜市口被砍头，康有为跑到了日本，皇帝被逼死，康有为变成了保皇党；孙中山领导的辛亥革命，走革命道路，推翻了中国几千年的封建专制统治，但其领导的资产阶级旧民主主义革命，并没有从根本上改变旧中国面貌，"革命尚未成功"。中国仍然处于帝国主义、封建主义、官僚资本主义的黑暗统治之下。

中国近代史上旨在救国救民的斗争和探索，每一次都在一定程度上推动了中国进步，但又一次次归于失败。根本的原因就是没有选择正确的道路、正确的领导阶级及其政党、正确的理论指导。

除了一些旧式农民起义以及对封建制度修修补补的方案外，很多民族复兴的方案，其指导思想是资产阶级政治理论，其主要学习对象是西方资本主义文明，是发展资本主义的经济、政治和文化，走资本主义道路建立现代资本主义国家，其革命的领导阶级和领导者是农民阶级、封建阶级的改革派、民族资产阶级及其政党。为什么西方在资产阶级政治思想指导下资本主义民主革命可以成功，而在旧中国却失灵了呢？这是由国内外的客观条件决定的。国内外条件不允许中国建立独立富强的资产阶级民主共和国。帝国主义列强入侵中国的目的，绝不是把封建落后的中国变成强大的资本主义国家，而是要永久地控制、剥削中国。帝国主义列强从自身利益考虑，绝不容许中国变成一个强大的资产阶级民主共和国，必须要维持和强化中国的半殖民地半封建制度。为了维持旧制度，必然要与封建势力和官僚资本勾结，不允许中国民族资产阶级强大起来。因而帝国主义是不允许在中国这块土地上进行资产阶级民主革命的，它只允许中国保持半殖民地半封建制度。而中国资产阶级是一个软弱的、两重性的阶级，担当不起革命的领导力量。在资产阶级思想指导下的资产阶级旧式民主革命，根本解救不了中国。

毛泽东指出："十月革命一声炮响，给我们送来了马克思列宁主义。十月革命帮助了全世界的也帮助了中国的先进分子，用无产阶级的宇宙观作为观察国家命运的工具，重新考虑自己的问题。走俄国人的路——这就是结论。"[6]十月革命的成功使先进的中国知识分子认识到，决定中国人民命运的不是资产阶级，不是资本主义，也不是资产阶级思想武器，而是工人阶级、科学社会主义和马克思主义。在旧中国，运用资产阶级思想武器，走改良的、资产阶级旧民主主义的道路行不通。辛亥革命为什么失败？救中国的目的为什么不能达到？通过对这些问题的深刻反省，中国先进知识分子终于接受了马克思主义，把马克思主义作为思想工具，选择社会主义为中国的唯一出路，选择中国工人阶级及其政党作为领导阶级和领导核心。正是这样的历史选择，成为中国走向社会主义道路的主观原因。

中国社会和中国革命的发展前途是社会主义，但在旧中国的社会条件下，不能立即进行社会主义革命，直接进入社会主义。

毛泽东认为，认清中国社会的性质，是解决中国一切革命问题的最基本的根据。中国是一个半殖民地半封建的社会，中国革命的敌人主要是帝国主义、封建势力和官僚资本主义，中国革命的任务是推翻这三座大山。革命的对象不是一般的资本主义，而是帝国主义、封建主义和官僚资本主义。因此，中国共产党所领导的整个中国革命运动，应当分为民主主义革命和社会主义革命两大阶段。第一阶段的民主主义革命，不是一般意义上的资产阶级民主主义革命，而是无产阶级领导的、新式的、特殊的新民主主义革命。这一革命是终结半殖民地半封建社会和建立社会主义社会之间的一个过渡阶段，它一方面替资本主义发展扫清了道路，另一方面又为社会主义创造了前提。中国社会必须经过这个革命，才能进一步发展到社会主义革命和过渡到社会主义社会。新民主主义革命是社会主义革命的必要准备，社会主义革命则是新民主主义革命的必然趋势。毛泽东正确地指出了中国革命的社会主义前途，制定了中国革命分两步走的战略策略，为新民主主义革命过渡到社会主义革命作了充分的理论准备。新民主主义革命胜利后，我们党不失时机地将革命转变为社会主义革命，完成了"三大改造"，从而正式建立了社会主义制度。

马克思说："一个社会即使探索到了本身运动的自然规律……它还是既不能跳过也不能用法令取消自然的发展阶段。但是它能缩短和减轻分娩的痛苦。"[7] 中国实践说明，在世界历史条件下，经济文化比较落后的国家可以吸取、利用资本主义的一切积极成果，跨越资本主义制度的"卡夫丁峡谷"，实行社会主义生产方式，建立社会主义制度，走社会主义道路。因为这样可以避免由生产的社会化和生产资料私人占有之间的矛盾所导致的阶级压迫、经济危机及其灾难性后果。而在实行社会主义生产方式和建立社会主义制度之后，必须发展生产力，实行社会主义市场经济。这又是因为，社会发展是一个自然历史过程，物质生产力的自然发展阶段不能跳过，与生产力发展水平相适应的市场经济自然发展阶段不能跳过。人类社会的发展"是受物质力量即生产力的发展所制约的"[8]。不经过充分发展的市场经济，没有生产力的发展，社会主义制度就不能巩固，社会主义社会就不能建成。社会主义革命的目的是解放生产力，使社会生产力迅速向前发展；在建立了社会主义制度之后，根本任务就由解放生产力变为在新的生产关系下保护和发展生产力。

在中国这样一个经济文化十分落后的国家探索民族复兴道路，实现社会主义现代化，是一项极为艰巨的任务。在领导中国社会主义革命和社会主义建设的过程中，我们党经过艰辛探索，为今天中国特色社会主义的发展提供了宝贵经验、理论准备、制度条件和物质基础。探索中的一些失误，也给人们提供了教训。正是在总结社会主义建设深刻经验教训的基础上，我们党在新的历史条件下，回答了"什么是社会主义、怎样建设社会主义"这一首要的基本问题，确立了"一个中心，两个基本点"的基本路线，实行社会主义改革开放，开创了中国特色社会主义发展的新局面。

三十多年的改革开放，我国取得了中国特色社会主义的伟大成功。最重要的就是开辟了中国特色社会主义道路，形成了中国特色社会主义理论体系，确立了中国特色社会主义制度，这是党和人民长期奋斗、创造、积累的重大成就，也是改革开放取得一切成绩和进步的根本原因。

——中国特色社会主义道路，就是在党的领导下，立足基本国情，以经济建设为中心，坚持四项基本原则，坚持改革开放，解放和发展生产力，建设社会主义市场经济、社会主义民主政治、社会主义先进文化、社会主义和谐社会、社会主义生态文明，促进人的全面发展，逐步实现全体人民共同富裕，建设富强、民主、文明、和谐的社会主义现代化国家。

——中国特色社会主义理论体系，就是包括邓小平理论、"三个代表"重要思想、科学发展观在内的科学理论体系，是对马克思主义、毛泽东思想的坚持和发展。

——中国特色社会主义制度，就是作为根本政治制度的人民代表大会制度、中国共产党领导的多党合作和政治协商制度、民族区域自治制度以及基层群众自治制度等基本政治制度，中国特色社会主义法律体系，公有制为主体、多种所有制共同发展的基本经济制度，以及建立在这些制度基础上的经济体制、政治体制、文化体制、社会体制等各项具体制度。

中国特色社会主义道路是实现途径，中国特色社会主义理论体系是行动指南，中国特色社会主义制度是根本保障，三者统一于中国特色社会主义伟大实践，这是党领导人民在建设社会主义长期实践中形成的最鲜明的特色。

中国发展的现实表明，只有中国特色社会主义才能发展中国。中国要想加快现代化进程，既不能走封闭僵化的老路，也不能走改旗易帜的邪路，只能坚定不移地走中国特色社会主义道路。这是中国人民经过长期摸索所作出的正确历史选择。我们必须增强道路自信、理论自信、制度自信，毫不动摇地坚持和发展中国特色社会主义，不断丰富中国特色社会主义的实践特色、理论特色、民族特色和时代特色，成功走出一条实现社会主义现代化和中华民族伟大复兴的发展道路。

结　语

历史唯物主义科学论证了社会规律的客观性质，也指明历史是人们的活动创造的，历史过程就是社会历史的客观规律的作用和人的主体活动的统一，是客观必然性与主体能动性、辩证决定与主体选择的统一。要处理好发挥人的主观能动性和尊重客观规律的关系，不仅要承认人类社会发展规律的客观必然性，还要看到人的主体能动性；不仅要承认社会发展的历史决定性，还要看到人的历史选择性。既要尊重客观规律，顺应历史潮流；又要充分发挥人的认识、选择、创造能力，在多种多样的可能性空间中，选择符合历史发展规律、符合人民根本利益的发展道路。要尊重历史规律，发挥主体选择能力，自觉地走历史必由之路。

注　释

1 《马克思恩格斯选集》第 2 卷，人民出版社 1995 年版，第 101 页。

2 《马克思恩格斯文集》第 9 卷，人民出版社 2009 年版，第 300 页。

3 《马克思恩格斯文集》第 4 卷，人民出版社 2009 年版，第 302 页。

4 《马克思恩格斯文集》第 1 卷，人民出版社 2009 年版，第 295 页。

5 《马克思恩格斯文集》第 10 卷，人民出版社 2009 年版，第 592 页。

6 《毛泽东选集》第四卷，人民出版社 1991 年版，第 1471 页。

7 《马克思恩格斯文集》第 5 卷，人民出版社 2009 年版，第 9—10 页。

8 《列宁专题文集　论马克思主义》，人民出版社 2009 年版，第 54 页。

一切从人民利益出发

——利益论

利益是历史唯物主义的一个重要范畴。人民的利益至高无上，是马克思主义利益观的根本原则。全心全意为人民谋利益，是共产党党性的集中表现。

利益问题一直是人们关注的焦点问题，人类的全部社会活动都与利益密切相关，利益是社会发展的基础、前提和内在推力。利益是历史唯物主义的一个重要范畴，一切从人民的利益出发，是马克思主义利益观的基本点。

一、利益牵动每一个人的神经
——关于司马迁的利益观

《史记》是中国璀璨的历史文化遗产中的一颗耀眼的明珠。它是西汉伟大的史学家、思想家、文学家司马迁（约前145年或前135年—？）历经千辛万苦、遍览名山大川、饱受宫刑之耻后写作而成的。在《史记·货殖列传》中，司马迁通过阐述管仲（前719—前645年）所言"仓廪实而知礼节，衣食足而知荣辱"的合理性，引出古人圣贤的名言"天下熙熙，皆为利来；天下攘攘，皆为利往"，说明"利"在人们社会生活中的重要性，人们追求"利"是正当的。

利益问题贯穿人类社会始终，普遍存在于人类社会生产、生活之中。正是人们对"利益"的追求，才促进社会不断地发展进步。马克思认为，"人们为之奋斗的一切，都同他们的利益有关"[1]。列宁认为，利益是"人民生活中最敏感的神经"[2]。古今中外许多思想家都曾从不同角度讨论过"利益"问题，但他们对利益问题的看法，即利益观各不相同。

许多古代思想家都把利益问题作为自己研究和论述的重要议题。

孔子在《论语》里提出"君子爱财，取之有道"，肯定义利的统一。但就总体而言，他强调"重义轻利"，多次讲到"君子喻于义，小人喻于利""见利思义""因民之所利而利之"等重要命题。他站在维护当时统治阶级整体利益的立场上，也提出过"不与民争利"的思想。

中国古代有相当多思想家肯定"利"的积极作用。荀子（约前313—前238年）从"性恶论"的角度出发，认为人的本性是追求利的。墨子（前468—前376年）提出"兼相爱，交相利"[3]，把"利"作为社会生活的基本内容。后期墨家继承墨子的思想，指出"义，利也"，以功利作为衡量社会行为的标准。韩非子（约前280—前233年）将"利"作为人的行为的动力。

中国进入封建社会，汉武帝刘彻（前157—前87年）推行"罢黜百家，表彰《六经》"的文化政策，董仲舒（前179—前104年）则继承了孔子"重义轻利"的思想，提出"正谊不谋利，明道不计功"。朱熹（1130—1200年）等宋明理学家对这一学说大加肯定，否定"利"的合理性和历史作用，提出"存天理，灭人欲"的主张。中国封建社会儒家理学从维护封建统治阶级的根本利益出发，提出封建阶级的利益观。所谓"存天理，灭人欲"，只不过是封建统治阶级欺骗老百姓的把戏，遵从封建社会的道德要求，让被统治阶级放弃利益追求，目的是维护统治阶级的利益。事实上，封建地主阶级从来没有放弃过自己的利益欲求。

针对宋明理学的禁欲思想，南宋思想家陈亮（1143—1194年）和叶适（1150—1223年）主张功利主义，认为道德不能脱离国计民生，不能脱离生活，道德需要借功利实现其价值。明清之际反对封建礼教的斗士李贽（1527—1602年）宣传个人功利主义，反映了封建社会晚期工商阶层的利益诉求，对封建统治阶级的利益观是一个反驳。清初思想家、教育家、颜李学派创始人颜元（1635—1704年）肯定人欲的合理性，主张谋取利益和道德原则相结合，提出"正其谊以谋其利，明其道而计其功"的义利统一观；"义中之利，君子所贵"的个人功利观；以富天下、强天下为内容，以安天下为目的的社会功利观；以是否有利于国家利益为价值标准来评价人才的"斡旋乾坤，利济苍生"经世致用的用人观。颜元还以"撒网得鱼"为比喻，认为"世有耕种，而不谋收获者乎？世有荷网持钩，而不计得鱼者乎？"[4]说明世界上没有不计功利的行为。他认为，义与利是统一的，义中有利，利中有义，合理之利含有义，合义之事内含利。颜元的利益观是对封建唯心主义义利观的否定，有其合理价值。

在西方思想史上，关于利益问题的论述也有许多有价值的看法。利益（interest）一词来源于拉丁文 intecesse，原义是指某些具有报酬性的东西。古希腊哲学家柏拉图（Plato，约前 427—前 347 年）在《理想国》中论述"公道既为政府之利益，非即强者之利益乎"[5]，反映了奴隶主阶级的利益观。

17 世纪荷兰唯物论者斯宾诺莎（Spinoza，1632—1677年）认为，人为了保存自身而尔虞我诈，彼此处于敌对状态，人的自私需要是社会冲突的最终原因。17 世纪英国唯物论者霍布斯（Hobbes，1588—1679 年）则说："对于每一个人，其目的都是为着他自己的利益的。"[6]他有一句名言："人对人像狼一样。"因为在他看来，处于自然状态中的人的自然本性是"自爱心""自利心"，人是彻头彻尾的利己的存在，这是造成人与人之间全面战争和冲突的原因。

真正把利益问题提到人类社会生活乃至历史变迁首要地位的西方资产阶级思想家，是 18 世纪法国唯物主义学者爱尔维修。在他看来，利益是社会生活中唯一的、普遍起作用的因素，是社会生活的基础、动力和社会矛盾根源，一切错综复杂的社会现象都可以从利益的角度得到解释。他说："利益在世界上是一个强有力的巫师，它在一切生灵的眼前改变了一切事物的形式。"[7] 强调"利益"对精神的决定作用，把利益看作决定着社会生活一切领域（包括人的思想、感情、道德、政治和文化艺术等）的因素，无论在任何时候、任何地方，无论在道德上，还是在认识上，都是个人利益支配着个人的判断，国家利益支配着国家的判断。爱尔维修较为明确地看到了利益规律制约着人的社会生活及社会历史的变迁。他有一句至理名言："河水不能倒流，人不能逆着利益的浪头走。"[8] 他把利益规律看作不可抗拒的客观规律。

19 世纪德国唯心主义古典哲学家黑格尔认为，私人利益，特别是自私和恶劣的欲望是历史发展的直接动因。他还进一步用利益去说明社会不同集团、不同阶级、不同阶层的矛盾、冲突的原因。

从 18 世纪以来，资产阶级思想家们已经形成了比较系统的利益理论，这些理论承认人的物质欲望的正当性，承认物质利益的历史作用，这对封建主义和唯心主义神学利益观是一个沉重的打击。然而，他们的利益理论美化了资产阶级唯利是图的阶级本性，是资产阶级利益观的理论表现：一方面，他们看到了利益的历史作用和社会功能，反映了上升期资产阶级对封建主义及神学利益观的批判；另一方面，也反映了资产阶级追逐物质利益的精神实质，强调利己主义的资产阶级本质。

也有一些唯心主义思想家把唯物主义和人类美德对立起来，认为唯物主义就是贪吃、酗酒、娱乐、肉欲、虚荣、爱财、吝啬、贪婪、牟利、投机，而把唯心主义理解为对美德、普遍的人类爱的信仰。

唯物主义历史观创立之前的思想家们无法摆脱唯心史观的支配，无法科学揭示利益的形成机制和社会本质。

从唯物史观出发，马克思和恩格斯正确地说明了利益的本质、特点及其历史作用，科学地界定了利益范畴，形成了马克思主义利益理论：

——追求利益是人类一切社会活动的动因。"人们为之奋斗的一切，都同他们的利益有关。"[9]

——利益是思想的基础，利益决定思想，利益推动生产和生活。"'思想'一旦离开'利益'，就一定会使自己出丑。"[10] 利益"成为生产的推动因素"。列宁肯定了马克思、恩格斯的思想，认为"利益'推动着民族的生活'"[11]。

——利益纠纷是阶级斗争产生的物质根源。阶级斗争是"基于物质利益的"[12]根本冲突。

——利益冲突具有推动社会发展的动力作用。针对英法两国封建贵族、资产阶级和无产阶级的斗争情况，恩格斯认为："这三大阶级的斗争和它们的利益冲突是现代历史的动力，至少是这两个最先进国家的现代历史的动力。"[13]

——利益的社会本质和社会基础是生产关系。"每一既定社会的经济关系首先表现为利益"[14]，经济利益是生产关系的具体表现，只有从生产关系出发，才能说明利益的本质和历史作用。

——利益决定、支配政治权力、政治活动。阶级斗争"首先是为了经济利益而进行的，政治权力不过是用来实现经济利益的手段"[15]。

——分工是引起利益矛盾的原因。"一个民族内部的分工，首先引起工商业劳动同农业劳动的分离，从而也引起城乡的分离和城乡利益的对立。"[16]"随着分工的发展也产生了单个人的利益或单个家庭的利益与所有互相交往的个人的共同利益之间的矛盾。"[17]

——在阶级社会中，共同利益实际上是特殊的阶级利益。"每一个企图取代旧统治阶级的新阶级，为了达到自己的目的不得不把自己的利益说成是社会全体成员的共同利益。"[18] 资产阶级标榜为共同的利益，实际上就是资产阶级自己特殊的阶级利益。

马克思主义利益理论认为，任何一个社会首先必须满足人们的物质生活需要，满足人们的物质要求，即满足人们的物质利益要求。利益是社会发展的基础、前提和动力因素。生产力是社会发展的根本动力，而追求物质利益是人类一切社会活动的最终动因，是推动人们进行社会历史活动的内在推动力量，是历史演变的伟大杠杆。如果我们把物质利益作为观察历史的认识基点，那么我们就可以透视整个社会历史，洞察人类社会一切纷杂现象，从中理出一条清晰的线索来。任何社会变革归根结底都必须重新调整人们的利益关系，以促进和推动社会生产的发展，以满足人们的物质文化利益的需要。

二、物质利益是人类最基本的、首要的利益
——古希腊女神厄里斯的"引起纷争的金苹果"

人类社会中人与人之间无数的差别、矛盾与对立，乃至大大小小无数次冲突、战争的最终动因、根源是什么呢？

古希腊人通过一个神话无意间揭示出了这个谜底。

据古希腊神话传说，阿尔戈英雄珀琉斯同海中女神忒提斯结婚时大宴宾客，奥林匹斯山上诸神都被邀请去参加，唯独没有邀请不合女神厄里斯。厄里斯为了报复，把一个金苹果抛在筵席上。这只金苹果引起了天后赫拉、智慧女神雅典娜和爱与美之神阿芙罗狄蒂之间的争端，她们都想得到金苹果，于是就请牧童帕里斯裁决。三位女神分别以不同的好处私许帕里斯，希望他将金苹果断给自己，其中阿芙罗狄蒂许诺他得到最美的女子为妻。帕里斯愿得美女，于是就把金苹果断给阿芙罗狄蒂。帕里斯在阿芙罗狄蒂的帮助下，引诱斯巴达王的妻子海伦弃家与他私奔到特洛伊。斯巴达人为了夺回海伦而远征特洛伊，围困特洛伊十年之久，最后用木马计攻陷特洛伊。厄里斯的"金苹果"引起了希腊诸神的争斗，导致斯巴达人和特洛伊人之间的战争。于是，人们就用"引起纷争的金苹果"来比喻造成争斗和战争的根源。希腊神话中的"金苹果"不就是现实社会生活中的物质利益吗？

物质利益是引起一切社会矛盾和冲突的最终根源。人们追求物质利益的不断实现，促使社会历史不断前进，物质利益是历史发展的内在动因。

从历史事实来看，迄今为止，人类文明进化史就是一部血与火的利益矛盾、利益冲突和利益争战的历史。在原始社会，血族之间的械斗、部落之间的战争此起彼伏，也是因物质利益之争而起，只不过原始社会的物质利益争斗不带有阶级斗争性质而已。传说古代中国的"人文始祖"黄帝就曾为了本部落的根本、长远利益，以确立大一统的地位，统一华夏民族，发动了一系列前所未有的惊心动魄的部落战争。最著名的决定性一战，史称"黄帝战蚩尤"，也称涿鹿之战。

进入阶级社会，战争更是连绵不绝。仅举世界历史上的著名战争为例：公元前 492 年，波斯帝国国王大流士（Darius I the Great，前 522—前 486 年）发动的波希战争持续了 43 年；公元前 431 年，斯巴达联合城邦组成的"伯罗奔尼撒同盟"同雅典之间的伯罗奔尼撒大战历时 27 年；14 世纪初期到 15 世纪中期，英、法两国封建王朝为了争夺封建领地进行了一百多年的战争，史称"百年战争"；"百年战争"结束后，英国贵族之间又进行了长达 30 年的争权夺利、互相残杀的"红白玫瑰战争"。近代资本主义发展的历史也充满了暴力冲突和战争：欧美资产阶级的革命战争、资本主义殖民地宗主国之间争夺殖民地的战争、第一次世界大战、第二次世界大战等，不胜枚举。当今虽然没有爆发世界性的大战，但国际性的局部战争从来没有中断过……引发战争的导火线各种各样，但说到底，战争爆发的最终根源仍在于物质利益之争。

无论是资本家的追求利润最大化，还是帝王将相的权力争夺，甚至是老百姓关心的柴米油盐酱醋茶，无不渗透着物质利益。叱咤风云的英雄豪杰，流芳千古的风流人物，遗臭万年的乱臣贼子，庸俗可笑的跳梁小丑，欺世盗名的野心家，等等，我们都可以找到支配他们的行动背后的物质利益根源；轰轰烈烈的革命起义，陈尸遍野的部落争斗，民族战争，乃至世界大战，工于心计的外交之战，等等，我们到处都可以发现这些事件背后的物质利益根源。一言以蔽之，物质利益是人们进行社会历史活动的强大发动机。

在人类的利益体系当中，物质利益是最基本的利益。人们对物质利益的追求是第一位的，只有物质利益得到保障，人们才能去争取其他利益。

物质利益是以人的物质需要对象为基本内容的利益，是指人们对于生产资料和消费资料的占有。人们进行生产是为了获得物质利益；进行阶级斗争、社会革命最终也是为了实现物质利益。

——物质利益推动人们从事历史活动，是历史变更的伟大杠杆。如果我们把物质利益作为观察历史的认识基点，那么我们就可以透视整个社会历史，洞察人类社会一切纷杂现象，从中理出一条清晰的线索。

——物质利益是一切时代人们改造自然、进行生产活动的直接动因和最终目的。人们为了生存，就需要物质生活资料，这是生产的最终目的，也是生产的直接动因。在社会发展的各个阶段上，人们改良工具，提高劳动生产率，其根本动因就在于要从自然界获取更多的物质生活资料，即物质利益。所以说，物质利益是人类历史活动，首先是生产活动的杠杆。

——物质利益是一切社会集团、社会组织得以形成的物质基础，是一切社会矛盾和社会斗争的经济根源。在历史发展的进程中，物质利益是人与人之间、民族与民族之间、阶级与阶级之间、国家与国家之间、党派与党派之间矛盾关系的物质根源。人们正是基于一定的利益关系，首先是物质经济利益关系而联合在一起，构成了阶层、阶级、民族、国家等各种各样的社会集团、社会组织，建立了反映一定物质经济利益要求的各种政治团体和党派。法国大革命时期，无产阶级及其他劳动群众和资产阶级联合在一起所形成的第三等级的共同行动，我国抗日战争时期抗日统一战线内部各阶级之间的联合抗日，归根结底都是建立在各阶级、各阶层某些共同利益的物质基础上。同时，我们也能够在物质利益差别、物质利益矛盾上追溯到社会矛盾和社会斗争的根源。在阶级社会中，一切阶级间的对立、矛盾、冲突归根结底是由物质利益决定的，阶级社会中阶级斗争实际上是不同经济利益集团之间的争斗。社会矛盾和斗争是社会历史发展的源泉和动力，正是在这个意义上说，物质经济利益冲突，从而物质利益矛盾是历史发展的动力根源。

——物质利益是推动社会变革的内在动因。一定的生产关系反映了人与人之间的利益关系，上层建筑也是为一定的社会集团的物质利益服务的，政治权力是实现物质经济利益的手段。任何一种权力都是受物质利益支配的，并且是为实现一定的物质利益而服务的。权力斗争实质上就是物质利益斗争，权力集团实质上代表了一定的利益集团。当权力斗争发展到顶点必然采取暴力夺取的斗争形式。生产关系——物质经济利益——政治权力——暴力夺权，这四者之间存在着必然的逻辑联系，物质利益是这一历史逻辑联系中的关键环节。

从生产力与生产关系的矛盾运动过程来看，生产力十分活跃，不停地发展变化，而生产关系具有相对的稳定性，具有一定的惰性。当一种新的生产关系代替旧的生产关系时，必然触动旧的生产关系所代表的那部分人的物质利益，这部分人为了维护自己的既得利益，必然要利用上层建筑、政治权力拼命地阻挠生产关系的变革，这样就使得旧的生产关系具有一种历史惰性。新的生产关系代替旧的生产关系，实质上就是新的利益关系代替旧的利益关系，对利益关系进行新的调整，取消一些人的既得利益，满足另外一些人的新的利益要求，从而调动受压抑的这部分人的积极性，对生产力的发展起到积极的推动作用。

在阶级社会中，反动的统治阶级为了维护本阶级的既得利益，总是竭力运用自己的上层建筑和政治权力维护过时的生产关系。而广大劳动人民和革命阶级为了争取自己的物质利益，都要进行政治和经济斗争，进行旨在打破旧的生产关系和上层建筑的社会革命。所谓旧的生产关系束缚生产力的发展，主要是指这种生产关系损害了代表新生产力的阶级的物质经济利益，遏制了他们从事社会生产的积极性。因此，改变旧的上层建筑和生产关系的社会革命，从客观上满足了代表新生产力的阶级的物质利益，调动了他们的积极性。

在生产力与生产关系基本相适应的社会里，也需要对生产关系和上层建筑中不适应生产力的方面和环节加以调整和改革。实际上，这种调整和改革也是对该社会利益关系的调整和改革。当生产关系和上层建筑的某些环节不适应生产力的进一步发展时，同样反映出某些利益关系是不协调的，在各个利益集团之间的物质利益分配是不合理的。某些利益群体获取过多的物质利益，而另一些利益群体合理的利益要求却得不到满足，这就需要改革生产关系和上层建筑中不适应生产力发展的某些环节，调整利益关系，最大限度地调动劳动者的积极性，以促进社会生产的发展。由此看来，物质利益是推动人们改变和改革旧的生产关系和上层建筑的内在动力。

从对物质利益的分析，可以从总体上看到物质利益的重要历史作用。人类社会是一个充满活力的社会有机体，其旺盛活力的内在原因就在于人们的利益追求、利益竞争。无论在任何社会，物质利益都构成人类进行历史活动背后的内在动因。但是，在不同的社会历史条件下，物质利益动因形式表现是不同的。在原始社会，原始群的集体利益是推动社会发展的动因。在私有制社会中，利益集中表现为私人利益，"统治阶级的利益就会成为生产的推动因素"[19]，私利成为社会统治阶级从事历史活动的具体动因。在奴隶社会，最大限度地追求奴隶的剩余劳动，是奴隶社会经济发展的主要动因。追求利润，则成为资本主义社会经济发展的动力。在私利作为驱使人们进行历史活动的社会中，劳动人民只是剥削阶级为达到自己私利而被驱动的工具，劳动者的个人利益得不到应有的满足，劳动人民自觉的活动受到极大的限制。毛泽东说："马克思列宁主义的基本原则，就是要使群众认识自己的利益，并且团结起来，为自己的利益而奋斗。"[20]"现在要有新的利益给他们，这就是社会主义。"[21]在社会主义制度下，利益的动力作用再也不需要经过歪曲的、曲折的、间接的剥削阶级私利形式而表现出来。物质利益的这种直接动因形式，能够比私有制社会中的私利形式释放出更大的能量。社会主义制度的建立使劳动者直接为自身获取劳动成果而进行劳动，人民群众合理的物质利益追求真正成为劳动者进行社会历史活动的动力，成为社会主义向前发展的推动因素。

三、利益实质是一种社会关系
——马克思在《莱茵报》时期遇到的利益难题

普罗米修斯是古希腊神话中一位为造福人类而富于反抗精神的神。他不顾天神宙斯的禁令，顶着遭受灭顶之灾的风险，把天火偷运到人间，把光明和温暖带给了黑暗中的人类。青年马克思在"博士论文"中以豪迈的气概高度赞美普罗米修斯是最高尚的圣者和殉道者。马克思在年轻时就把个人的幸福与实现人民的利益联系在一起，决心做一个新时代的普罗米修斯，把光明带给人间，驱散人世间的黑暗。

1842—1843年，马克思大学毕业后担任《莱茵报》编辑，参加了当时的现实斗争。在《莱茵报》时期，他"第一次遇到要对所谓物质利益发表意见的难事"[22]。青年马克思一开始是黑格尔唯心主义哲学的信仰者，但由于实际地接触到了贫苦群众的物质利益问题，促使他开始对黑格尔唯心主义哲学体系产生了巨大的信仰危机，陷入了理论的困惑和思想的苦恼，这激励马克思清算自己的哲学信仰，开始探索新的哲学答案。

当时德国封建统治阶级为了维护剥削者的利益，把捡枯树枝列为盗窃林木的范围。围绕着穷人捡枯树枝是否犯盗窃罪的辩论，马克思坚定地站在贫苦人民一边，批判封建统治者的特权，要求保留人民的权益。这时，马克思探讨了物质利益问题。他认为，整个国家和法都是保护剥削阶级私有利益的，正是贵族地主阶级的私人利益左右、决定国家和法。马克思说："利益是很有眼力的"，"整个世界……都是一个充满危险的世界，因为世界并不是一种利益的世界，而是许多种利益的世界"。[23]《莱茵报》时期的现实生活、赤裸裸的物质利益问题，使马克思深刻认识到社会等级背后隐藏着物质利益。在《关于林木盗窃法的辩论》中，马克思进一步把对立和不同的社会集团同物质利益上的对立和不同联系起来，看到物质利益在社会生活中的作用。

马克思看到了物质利益背后隐藏着不依个人意志为转移的客观关系的决定作用，并把这种客观关系同剥削阶级的利益联系起来了。他说："人们在研究国家状况时很容易走入歧途，即忽视各种关系的客观本性，而用当事人的意志来解释一切。但是存在着这样一些关系，这些关系既决定私人的行动，也决定个别行政当局的行动，而且就像呼吸的方式一样不以他们为转移"，"在初看起来似乎只有人在起作用的地方看到这些关系在起作用"。[24] 当然，马克思还没有明确指明这种客观关系就是生产关系。

马克思通过现实利益问题，深入到对现实经济问题的研究，从而确立了生产关系的科学范畴，创立了崭新的唯物史观，进而正确地解决了利益的本质和历史作用问题，建立了历史唯物主义的利益范畴，找到了真正引起历史转变的阿基米德支点——物质利益。

任何一个社会首先必须满足人们的物质生活需要，满足人们的物质利益要求。在人类活动的范围内，利益无处不在，无时不有。

什么是利益呢？要搞清楚什么是利益，就必须首先搞清楚什么是需要。

人作为有生命活动的社会存在物，只要具有生命，就有需求，需要吃饭、喝水、穿衣、住房……需要一切维持生命运动的必需品。然而，人不仅仅限于物质需要，还有精神需要。随着物质生活的不断丰富发展，随着社会进步和人类文明的发展，在解决物质生活资料需求的基础上，人的精神需求会越来越发展，需要识字、读书、欣赏艺术，追求美、人的尊严、人格、声誉、价值、自由、民主等维持精神活动的一切需求。看来，需要是人的生命活动的表现，凡是有生命活动的人，就有需要。

人的需要与动物需要的本质不同在于，人的需要是社会需要，不是纯粹的自然生理需要，人的任何需要都渗透着社会性。马克思明确地指出，人们的社会关系也是由人的需要产生的，是人的需要的现实产物。他说，把人和社会"连接起来的唯一纽带是自然的必然性，是需要和私人利益"[25]。马克思是从需要的社会性质来认识需要的。马克思主义认为，人要生活，就必须从事满足生活本身的生产活动，生产决定需要；人的需要又推动生产，也就是说，需要在某种意义上决定了第一个历史活动生产。生产与需要的相互作用决定人们之间的物质联系，推动人类社会进步，形成历史发展。

解决了什么是需要，就可以解决什么是利益的问题了。

——需要与利益既一致又有区别。一方面，利益与需要之间是相互联系的。需要是利益的前提和基础，特别是物质的自然生理需要是形成利益（首先是物质利益）的自然基础。人的需要体现了人对物质文化和精神文化的需求，构成利益的前提和基础。另一方面，利益与需要之间是有区别的。二者之间最重要的区别是：需要反映的是人们对客观需求对象的直接欲求、直接依赖关系，是人们维持生命的物质生活条件和精神生活条件的直接依赖关系。譬如，饿了，要吃饭，对食物就产生一种直接的需求依赖关系。利益则是在需要的基础上形成的，是人对客观需求对象的关心、兴趣、认识和追求，反映了人与人之间的社会关系，是人们之间对需求对象的一种分配关系。譬如，在原始社会，人们为了有足够的食物，满足自身生存的需要，就要结合在一起，构成劳动共同体，进行捕猎生产。捕猎归来，人们就要对猎物进行分配，这就产生了人与人之间的利益分配关系。如何分配猎物，是按捕猎的人数平均分，还是获取猎物多的人获得较多的猎物，这都涉及利益分配问题。利益的实质是人与人之间对需求对象的分配关系，是一种经济、社会关系。

——利益具有社会关系的本质。利益是必然经过社会关系，首先是经济关系的过滤才能体现出来的需要。需要本身不是利益，不能把需要和利益混为一谈。需要仅反映了人与客观需求对象的直接关系，而利益则反映出人与人之间的因对需求对象的依赖而产生的相互关系。需要转化成利益，必须要经过社会关系，首先是经济关系的作用。在任何一个具体的社会形态中，人的需要在一定的社会关系中就表现为利益。利益是需要在经济关系上的表现，离开现实的社会经济关系，就不可能理解利益。譬如，人们对食品的追求构成了人的最基本的物质要求，然而，人们要获得这种物质需要的满足，必须首先占有生产资料，然后经过一定的社会分配方式才能获得。于是，人对物质生产条件的需要、对物的直接需求关系，就表现为人与人之间的一种利益关系。可见，人对物的直接需求关系，经过经济关系的中介，就表现为人与人之间因需要而发生的利益关系。一定的社会经济分配关系是利益的社会本质。**利益是关系范畴**。利益实质上是人对一定的需求对象的占有关系、分配关系，离开对一定需求对象的占有关系、分配关系，不能称之为利益。

四、人类发展史就是利益矛盾及其解决的历史
——从法国大革命看利益矛盾的历史作用

在人类社会关系中最稳定、最主要、起最基本作用的关系就是利益矛盾关系，利益矛盾决定并影响人类全部社会历史，是最普遍的社会现象。

自 18 世纪以来，资本主义在封建的法国社会已经有了长足的发展，但是波旁王朝的封建统治仍然维持着森严的等级制度。当时的法国封建社会主要存在三个等级：天主教僧

侣和封建贵族是第一、二等级，拥有一切政治权力，以此来维护他们所拥有的一切经济特权；而占法国人口 99% 的农民、工人、手工业者、城市平民和新兴的资产阶级却属于第三等级，不仅在政治上毫无权力，在经济上还要负担赋税和义务。随着资本主义经济势力的发展，第三等级再也不满足自己的政治地位了，他们迫切要求取得应有的政治地位，而当时资产阶级的政治要求正好代表了第三等级的共同利益。在这种形势下，爆发了巴黎起义，揭开了法国大革命的序幕。

在法国大革命的第一阶段，政权落在代表金融大资产阶级和自由派贵族利益的君主立宪派手中，君主立宪派的利益同封建势力的利益有着千丝万缕的联系，他们并不想彻底消灭封建制度。这又激起了巴黎人民第二次武装起义，推翻了君主立宪派的统治，政权转到了代表工商业资产阶级利益的吉伦特派手中，法国革命进入了第二阶段。吉伦特派是缘于代表工商业资产阶级利益而掌权的，当这个阶层的利益得到满足后，他们就不想革命了，力图中断革命。这样一来，巴黎人民又举行了第三次武装起义，推翻了吉伦特派的统治，政权转到了资产阶级革命民主派——雅各宾派手中，法国大革命进入了第三阶段。就在法国革命比较彻底地完成资产阶级革命任务时，雅各宾派内部却出现了分裂，以丹东

（Danton，1759—1794 年）为首的右派要求停止革命，以阿贝尔为首的左派则要求把革命推进一步，这两派的斗争充分代表了第三等级内部不同利益集团的利益。雅各宾派内部的争夺给法国大资产阶级夺权创造了机会，法国大资产阶级发动了"热月政变"，颠覆了雅各宾派专政，法国资产阶级革命至此结束。震惊世界的法国大革命前后经历了 5 年时间，在这短暂的历史舞台上，各派政治力量进行了充分的较量，活灵活现地演出了一场由利益争夺所牵动的、各派政治力量所进行的旨在夺权的政治斗争的"傀儡戏"——各派政治力量是在前台表演的政治傀儡，而受一定经济关系所制动的利益就是后台的导演。

从法国大革命可以看出，无论是吉伦特派，还是雅各宾派、丹东派和阿贝尔派，都是各个利益集团的利益代表，他们代表本阶级或本阶层的利益来夺取和掌握政治权力，然后依靠政治的上层建筑来摧毁旧的经济制度，建立一种新的经济制度，形成一定的利益分配体制，以达到夺取和保障本派力量背后的阶级或阶层的利益的目的。也就是说，阶级之间的利益矛盾是法国大革命的真正根源。

在纷繁复杂的历史进程中，使广大群众行动起来的，并进行持久的、引起重大历史变迁的真正原因是什么？马克思发现，它是利益。人们为了满足社会生产的需要和自身生产的需要就要形成一定的社会关系，彼此之间就存在利益关系，也就不可避免地产生利益矛盾。马克思主义认为，在阶级社会中，阶级矛盾是社会进步的直接动力，然而实际上，阶级矛盾的核心实质是阶级之间的利益矛盾。列宁认为："必须到生产关系中间去探求社会现象的根源，必须把这些现象归结为一定阶级的利益。"[26]

在阶级社会中，人们之间的利益矛盾是带有阶级性的。阶级性的利益矛盾集中表现为严重的阶级差别、阶级矛盾、阶级对抗和阶级斗争。在我国社会主义初级阶段，对抗性的阶级矛盾、阶级冲突和阶级斗争在整个社会关系中逐步退到次要地位上，逐步缩小其作用的范围，人们之间的利益矛盾主要表现为不带有阶级对抗性的利益矛盾。在消灭了阶级的无阶级社会中，利益矛盾仍将存在，但将不带有阶级性。

利益矛盾、利益冲突是人类社会中最普遍的社会现象，凡是存在利益的地方，就会有利益矛盾、利益冲突，而各种社会矛盾，归根到底都是由不同的利益矛盾、利益冲突引起的。利益矛盾、利益冲突是一个社会发展与进步所不可避免的，但是如果一个社会的利益矛盾、利益冲突过度，就会走向利益追求的反面，影响社会的稳定和发展。人类发展史，实际上就是利益矛盾、利益冲突的历史。

正确认识和处理好利益矛盾是任何一个社会的重大问题。

人类社会存在阶级性的和非阶级性的两种基本性质的利益矛盾，存在对抗性的和非对抗性的两种基本形式的利益矛盾。

战争与和平、革命与改革、斗争与协调，这是人们在社会生活中遇到的最频繁的字眼，也是人类社会普遍存在的重大社会现象，是人们对于利益矛盾的不同的解决方式和手段。

利益矛盾的解决也主要有两种基本方式：一种是对抗式的解决方式，如战争、革命、暴力冲突、流血械斗等采取外部冲突的解决办法，从哲学上讲，可以称之为斗争的方式；一种是非对抗式的解决方式，如和平、改革、协调等，通过建立某种协调机制，采取非外部冲突的解决办法，使利益矛盾处于相对稳定的化解状态，从哲学上讲，可以称之为协调的方式。

当然，阶级性与非阶级性利益矛盾与对抗性和非对抗性利益矛盾是交叉的。阶级性利益矛盾可以采取对抗性的解决方式，也可采取非对抗性的解决方式；非阶级性利益矛盾可以采取非对抗性的解决方式，也可采取对抗性的解决方式。从哲学上讲，无论是战争与革命，还是和平与改革，都是斗争与协调两种解决社会矛盾的途径。哲学上的斗争，就是通过一方消灭一方、一方改变一方的办法来解决矛盾的方式。斗争的社会形式，包括武装斗争、思想斗争、政治斗争，直至社会革命等。协调是采取非外部对抗形式解决矛盾的办法。在和平状态下处理利益矛盾就需要通过利益协调的手段来进行。

先看一看外部冲突类型的利益矛盾解决方式。战争与革命就是这种方式。

所谓战争，是利益矛盾的一种最极端的暴力解决方式。

战争是利益群体之间、政治集团之间、阶级阶层之间、民族（部落）之间、国家（联盟）之间的利益矛盾的最高斗争形式，是采取外部冲突，即武装暴力的手段解决利益矛盾。

马克思主义认为，战争是一种社会历史现象，是不同阶级、阶层、民族、国家、政治集团和利益群体之间为了一定的利益目的而进行的武装斗争。战争是政治的继续，是政治斗争的最高形式。西方著名军事理论家克劳塞维茨（Clausewitz，1780—1831 年）说："战争无非是国家政治通过另一种手段的继续。"[27] 当利益矛盾激化到一定程度，人们为了争夺一定的政治权力，获得一定的经济利益，不得不采取外部冲突的最高斗争形式，即战争。

人类进入阶级社会以后，阶级之间、民族之间、国家之间、政治集团之间的武装斗争都具有政治色彩，战争目的集中表现为政治目的，即进行战争的阶级、民族、国家和政治集团在政治上所要达到的预期结果。中国人民抗日战争的政治目的是驱逐日本帝国主义、争取民族独立解放；中国共产党领导的人民革命战争，其政治目的就是推翻帝国主义、封建主义、官僚资本主义在中国的统治，建立独立、民主、自由、繁荣、昌盛的新中国。

战争的最终目的是进行战争的阶级、阶层、民族、国家、政治集团和利益群体在经济上要获取一定的经济利益。原始社会末期部落与部落之间进行战争的目的，是为了争夺生存条件；奴隶主之间进行战争的目的，是为了争夺奴隶、掠夺财富和兼并土地；封建地主阶级之间进行战争的目的，是为了掠夺财富、兼并土地、剥削农民的劳动成果；资本主义列强进行的殖民战争的目的，是为了扩张领土、掠夺资源、倾销商品、抢掠财富；帝国主义进行的或支持进行的战争的目的，是为了控制势力范围，争夺经济资源。

战争分为正义战争和非正义战争。正义战争是代表社会进步趋势的先进力量与代表社会落后趋势的落后力量之间的武装斗争。非正义战争则是落后的、反动的社会势力所发动的侵略战争。

所谓革命，是利益矛盾的一种政治的最高解决方式。

革命有广义和狭义之分。从广义上讲，革命指推动事物发生根本变革，引起事物从旧质变为新质的飞跃；从狭义上讲，革命主要是指由政治权力的更替而导致社会性质变革的社会革命。要全面地、科学地理解社会意义和政治意义上的革命的含义。

——**革命是阶级矛盾或社会矛盾激化的产物**。在阶级社会，存在着阶级矛盾、冲突和对抗。当这种矛盾、冲突和对抗大大激化时，就会发展为政治革命。一般说来，社会财富的分配不均、两极分化的加剧、人民生活的急剧恶化乃至极度贫困化，就会引起阶级矛盾、冲突和对抗的激化，必然引起政治危机、经济危机、文化危机和社会危机，进而引起革命。正是从这个意义上讲，革命是阶级矛盾或社会矛盾激化的产物，同时又是解决阶级矛盾和社会矛盾的主要途径和手段。

——**革命是一个阶级推翻另一个阶级的暴力行动**。一切反动落后的统治阶级出于自身利益的需要，都不会轻易地退出历史舞台，都会竭力反抗进步阶级的革命，千方百计地维护自己的统治。在这种情况下，进步阶级只有通过暴力革命才能达到变革社会制度的目的。当然，我们也不能否认和平取得政权的可能性。

——**革命是政治的最高行动**。革命是人类社会历史发展不可避免的政治行动。这种政治行动之所以不可避免，是因为它不是以人们的主观意志为转移的，而是由社会矛盾运动规律决定的。当社会的物质生产力发展到一定阶段，便同它们一直在其中运动的现存生产关系发生矛盾。于是这些关系便由生产力的发展形式变成生产力的桎梏，社会革命的时代就到来了。而这种社会革命或称这种政治行动是任何试图取得统治的阶级获得最终胜利的关键。由于以推翻现政权和破坏旧关系为主要内容的政治行为，将导致社会、经济、政治和文化发生深刻变化，恩格斯把这种政治行为看作政治的最高行动。

——战争与革命是可能会联系在一起的。从一般情况或历史发展的一般规律来看，正义的战争是革命的手段，是新的社会形态的接生婆。譬如，中国共产党领导的中国革命战争是正义的战争，是中国革命的最高斗争形式。经过中国革命战争，夺取了政权，促进了新民主主义革命和社会主义革命，催生了新中国，进而建立了崭新的社会主义制度。战争成就革命，造成革命的条件，引发了革命，促成了革命。

再看一看非外部冲突类型的利益矛盾解决方式。和平与改革、协调就是这种方式。

所谓和平，是与战争根本不同的利益矛盾解决方式。

和平通常是指没有战争或没有其他敌视、暴力行为的状态，是通过某种协调机制，使社会矛盾相对稳定、协调、化解、和谐的状态。不同的阶级、阶层、民族、国家、政治集团和利益群体之间的利益矛盾尚未激化到通过战争来解决的程度，就需要用和平的手段来解决。但是，这并不意味着不同的阶级、阶层、民族、国家、政治集团和利益群体之间就不存在利益矛盾，利益矛盾无处不在、无时不有，只不过采取了与战争根本不同的、非外部冲突的、和平的社会矛盾化解方式。和平实际上是通过利益协调来解决利益矛盾的方式。

所谓改革，是在和平状态下为了解决利益矛盾而采取的非外部冲突的手段。

改革是指对包括政治、社会、文化、经济、宗教等各个领域的改良革新，即在坚持生产关系、上层建筑实质和主要内容不变的情况下，把不适应生产力发展的不合理的生产关系、上层建筑的某些方面改造成新的、能适应生产力发展需要的、更加合理完善的状态。相较于以极端的方式推翻原有政权以改变现状的革命，改革是指在现有的社会制度框架之内实行的局部变革与调整。

所谓协调，就是采取非外部冲突的形式来化解利益矛盾。

利益协调可以使人类社会在尖锐的利益矛盾和利益冲突中免于毁灭的命运，使人们的利益按照一定的秩序得到相对均衡的分配。协调社会各阶级、阶层和社会集团的利益矛盾在社会发展中具有重大作用。没有这种协调机制，人类社会只能在无谓的利益纷争中毁灭，失去继续发展的可能。尽管在阶级社会中，这种协调最终是为了维护统治阶级的利益，但也不能否认它在人类社会发展中的重要作用。由于人们利益关系的复杂性、多样性，利益协调也必然是多层次、多方面的。经济的、政治的、法律的和道德的协调是化解利益矛盾的主要手段。当然，还要有一定的行政协调和其他方面的协调相配合。

利益矛盾主要是经济的、物质的利益矛盾，**经济协调**是利益协调的基本方式和主要手段。经济协调主要是运用所有制、分配方式、各种经济政策、杠杆等手段，来协调和保证各方面的利益满足。

经济协调的作用要受**政治协调**的制约、影响和支持。政治是经济的集中表现，它反映了经济关系中各阶级的根本利益。政治协调主要是利用国家的职能、社会制度及各类政治手段进行协调。国家政权是政治的核心。通过政治手段尤其是借助国家政权协调各利益集团的利益关系和利益矛盾，维持一定的社会秩序，使社会得以向前发展，而不是在尖锐的利益冲突中使社会毁灭。它是协调利益关系的最有力的工具。在存在阶级对立的社会中，由于存在着根本利益的对立，不仅剥削阶级集团与被剥削阶级集团的利益是根本对立的，剥削阶级集团之间的利益也是对立的，因此，利益矛盾的协调、缓和只能是暂时的、相对的。政治国家对利益矛盾进行协调的实质，在于实现居于统治地位的阶级、利益集团的共同利益。

政治协调，是通过国家职能协调利益关系和利益矛盾，最重要的是**制度协调**，即通过社会制度来固定化各方的利益关系。社会制度是一种利益制度，实质是保障和维护利益的制度，是为了调节利益矛盾而建立的，以便使人类免于在利益冲突中同归于尽。譬如，生产资料所有制、分配方式就可以从根本制度上将一个社会的利益关系固定下来。公有制为主体、按劳分配为主要分配方式的我国社会主义经济制度，就可以从根本上保障人民的利益。私有制从制度上保障了剥削阶级的利益。社会制度可以分为经济制度、政治制度和文化制度、法律制度。在社会制度中，经济制度是基础，它决定政治制度、文化制度和法律制度，后者是为经济制度服务的。

社会制度实质上是实现该社会统治阶级的利益制度，其社会功能就是维护统治阶级的利益，协调社会中占统治地位的社会集团或阶级的利益矛盾，保证占统治地位的阶级利益得到最大限度的实现。当然，这并不是说在这些社会利益制度下，被统治阶级就得不到任何利益。在任何利益制度下，被统治阶级也要有一定的利益保障，否则，统治阶级的利益也就根本无法实现。而且，新的利益制度总会比旧的利益制度给被统治阶级更大的利益。但这与利益制度的实质并不矛盾。因为，被统治阶级的利益只有在统治阶级的利益需要它时，被统治阶级才能得到它。奴隶主不再全部杀掉战俘，给他们生存的利益，是因为奴隶能够给奴隶主创造出更多的财富，更大地实现奴隶主的利益。资本家给工人以出卖劳动力的自由，是为了更加自由地剥削工人。这丝毫不能改变利益制度的实质。

在阶级社会，统治阶级为了保证其利益的实现，就要压抑被统治阶级的利益，不仅在利益制度中肯定有利于统治阶级的生产关系，保护统治阶级的利益，而且用暴力镇压被统治阶级危及其利益的活动。但是，由于被统治的广大劳动人民群众直接为自己利益而斗争的水平的不断提高，迫使统治阶级不得不作出一定的让步，以缓和两大对抗阶级之间的利益矛盾及其冲突，从而间接地维护统治阶级的利益。在被统治阶级——工人阶级高度发展的资本主义社会，协调、缓和劳资之间的利益矛盾成为经常性的，成为统治阶级维持正常的社会秩序和社会生产的正常进行必不可少的手段。否则，现代资本主义社会就无法生存，资产阶级的利益就根本不能实现。

法律与政治有着极为密切的联系。任何社会的政治都不能离开法律而独立自处，任何国家也不可能没有法律。任何社会形态的社会制度，必然以一定的法律的形式表现出来，只有通过法律形式才能使某种利益协调关系固定下来。**法律协调**对化解利益矛盾起着十分重要的作用。我国春秋战国时期的一些思想家就认识到法律的这种"定纷止争""定分止乱"的协调作用，即通过规定人们的权利和义务来协调人们的利益关系，维持一定的社会秩序，避免利益纷争造成的混乱。法律的实质在于建立和维护有利于统治阶级的共同利益，并通过协调这些利益关系，维持有利于统治阶级的社会秩序，顺利地实现对整个社会的统治，使社会按照统治阶级的意志和利益的方向运行。

为了能使人们的一言一行都符合一定的规范，纳入一定的秩序之中，以协调好人们之间的利益关系，则需要比法律更具有广泛性的社会规范，这就是道德。人作为社会性的人，无不与他人或其他群体发生一定的利益关系。当他们的言行不触及法律规范时，法律也奈何他不得，这就是法律协调作用的局限，而**道德协调**则起着经济、政治和法律协调所起不到的作用。

在古代中国，不同的思想家、政治家都希望通过法律的和道德的手段来协调社会的利益矛盾，维持一定的社会秩序，使社会不至于在无谓的利益冲突中灭亡。在诸子百家中，对我国政治生活影响最大、最为深远的是儒、法、道三家。儒家的政治学说，择其要而言之，主要是两个方面：一是"为国以礼"[27]；二是"为政以德"[28]。前者是用法制调整人与人之间的利益关系，免于利益纷争；后者则是用道德教化来维持统治秩序。孔子还提出统治者要以身作则，不与民争利，这样才能"修己以安百姓"[29]。法家的政治主张是"以法治国"，"一民之轨，莫如法"，"以法治国，举措而已矣"[30]；"人主之大物，非法则术也"[31]，这是主张以国家立法来调整人们的利益关系。道家则看到了自然界的生生息息，虽有争，而不綦，所以主张"无为而治"的思想，"为无为，则无不治矣"[32]，企图通过"小国寡民"的理想社会，泯化人们的利益之心，以达到消除利益之争的目的。

在私有制社会，利益协调的最终目的是维护统治阶级的根本利益，不可能摆脱残酷的利益冲突和利益争夺。社会主义制度消灭了利益的根本对立，利益协调不再是为了维护统治阶级的私利，而是为了维护全体人民的利益。协调各利益主体的利益关系和利益矛盾，极大地调动人民群众的积极性，促进经济的发展，不断满足全体人民日益增长的利益需求，这是社会主义国家自觉地进行利益协调的最终目的。

在我国目前社会主义初级阶段，搞好利益协调，最重要的是正确处理好人民内部的利益矛盾问题。

统筹兼顾，按照利益原则处理好人民内部的利益矛盾，这是一个总的方针。要实现这一方针，照顾到各方利益要求，实现利益兼顾，必须从经济的、政治的、行政的、政策的、制度体制的、思想道德的几个层面加以协调，共同发挥

作用。要建立和完善以公有制为主体、多种所有制经济共同
发展，以按劳分配为主体、多种分配方式并存的经济制度，
以及相应的完备的社会主义市场经济体制和其他配套的体
制。要从政治上建立与社会主义经济制度相一致的社会主义
根本政治制度，以及民主法律体系。要从行政上、政策上建
立有利于社会主义分配制度落实的各项政策，如税收政策等。
还要加强社会主义法律体系建设，实行法治。除此以外，还
不能放弃思想道德层面的工作，必须切实加强思想政治工作。
要教育和引导人民群众正确处理好国家、集体和个人三者之
间的利益关系，在保证个人的合法利益的同时，坚持集体主
义，反对个人主义；正确处理好眼前利益与长远利益、根本
利益的关系，既要照顾到群众的切身的、当前的利益，又必
须考虑到长远的和根本的利益，眼前利益要服从长远利益和
根本利益；正确处理好局部利益与整体利益的关系，既要考
虑到每个局部的利益，又要引导局部利益服从整体利益。

五、要树立马克思主义利益观
——共产党人怎样对待利益问题

2011 年 3 月，胡锦涛作出重要指示，要求广大党员干

部向杨善洲（1927—2010 年）同志学习。2011 年 9 月 20 日，杨善洲在第三届全国道德模范评选中荣获全国敬业奉献模范称号；2011 年度被评为"感动中国"人物。

杨善洲，云南省保山市施甸县姚关镇人。1951 年 5 月参加工作，1952 年 11 月加入中国共产党。参加工作以来，他始终艰苦朴素，两袖清风，全心为民，忘我工作，为保山经济社会发展作出了突出贡献。1988 年 3 月，他从保山地委书记岗位上退休，为实践"帮家乡办点实事"和"只要生命不结束，服务人民不停止"的诺言，婉拒了省委领导劝其搬至昆明安享晚年的邀请，执意回到家乡施甸县义务植树造林。他艰苦创业 20 余年，使 5.6 万亩昔日山秃水枯的大亮山林场重披绿装，成为当地群众重要的水源林，活立木蓄积量经济价值超过了 3 亿元。

杨善洲"为官"多年没有为家人安置工作和捞上一册"农转非"本本，连组织上给予的正常政策照顾也被他婉言拒绝了。他也没有给家里盖上一间像样的房子，时常对家里人说：过日子，吃处有个锅，睡处有个"窝"就行，却把个人大量的积蓄投入到大亮山义务植树造林上。他把价值 3 亿元的林场无偿移交给施甸县人民政府，县里要奖励他 10 万元，他坚决不要；市委、市政府奖励他 20 万元，他又把大部分捐献给教育等社会公益事业。

淡泊名利、无私奉献，是共产党员应有的价值取向。杨善洲退休后不图名利，义务工作，这正是共产党员正确对待利益问题，以"全心全意为人民服务"作为根本出发点和最大价值取向的最真实体现。所有共产党员都要像杨善洲学习，牢固树立马克思主义利益观，树立不为名利、无私奉献的理想信念。

在今天改革开放和社会主义市场经济条件下，像杨善洲同志那样，正确地认识和处理利益问题，成为检验共产党人的党性纯真与否的试金石。当前社会生活中，如何对待利益问题，存在种种错误认识、糊涂观念，这严重影响了共产党员的行为。目前党内极少数领导干部腐败严重，其中一个重要的主观原因，是有些人在利益观上发生了偏差，出了问题。从思想教育入手，纠正党员在利益问题上的各种错误认识，树立马克思主义利益观，是执政党建设的重要任务。

人民的利益至高无上，是马克思主义利益观的根本原则。

维护人民的利益是我们党的根本出发点和目的。坚持人民的利益高于一切，个人利益无条件地服从人民利益，这是共产党人应当坚持的马克思主义利益观。毛泽东说："全心全意地为人民服务，一刻也不脱离群众；一切从人民的利益出发，而不是从个人或小集团的利益出发；向人民负责和向党的领导机关负责的一致性；这些就是我们的出发点。"[33]
中国共产党在中国革命的任何时期都充分代表最广大人民群众的根本利益，在社会主义改革开放和现代化建设的新的历史条件下，在发展市场经济的新情况下，中国共产党仍然代表最广大人民群众的根本利益，这一点不因环境和条件的改变而改变。

发展社会主义市场经济有积极的一面，也有消极的一面。在发展市场经济的过程中，个人主义、拜金主义、享乐主义、小团体主义，甚至腐败堕落现象也会滋长蔓延，这又会损害人民的根本利益。因此，在社会主义市场经济条件下，共产党员能不能以人民的利益为重，经得起市场经济的考验，是一个十分重要的问题。共产党员只有树立人民利益高于一切的马克思主义利益观，才能处理好市场经济中形形色色的利益问题，经得起考验。

全心全意为人民谋利益，是共产党党性的集中表现。

党性是阶级性的最高、最集中的体现。在阶级存在的社会里，任何一个政党都代表一定的阶级或阶层的利益。中国共产党是代表中国工人阶级及广大人民群众的根本利益的，正是在这个意义上说，中国共产党的党性就是工人阶级利益、人民利益的集中体现。坚持党性，必须坚持人民利益高于一切的原则。人民的利益高于一切，是党员思想和行动的最高准则，全心全意为人民谋利益是党性纯真的表现。用党性原则约束自己，最重要的就是一心一意为人民谋利益。为人民谋利益，对于我们的干部来说，并不是新要求，但是，在改革开放、发展社会主义市场经济的新时期，我们的党员能否始终如一、言行一致地为人民谋利益，却不是很容易的事。这对党员的党性要求来说，又是一个非常重要而又严格的考验。

每一个党员怎样才能做到全心全意为人民谋利益呢？要真学真信真懂真用马克思主义世界观方法论，树立共产主义远大理想，坚持中国特色社会主义的理论自信、道路自信和制度自信。要做到理论彻底，政治清醒，理想远大，信念坚定；严格要求自己，反腐倡廉，摆正主仆关系，树立领导就是服务的意识，切切实实为人民办好事，永远做人民的公仆；正确对待和处理好个人利益，必须把人民的利益摆在首位，在个人利益和人民利益发生矛盾时，个人利益要服从人民的利益，作为共产党员应该更多地提倡奉献精神。

在市场经济条件下，共产党人应该具有的马克思主义利益观是：

——一切从人民的利益出发，是共产党员约束自身行为的最高准则。我们党始终把人民的利益看作自己的根本利益，用人民的利益高于一切来规范党及其成员的一切言行。面临市场经济的考验，我们党对党员提出了更严格的要求，要求党员用是不是符合人民的利益来规范自己的言行。一切从人民的利益出发，这是党员标准的最高准则。

——**全心全意为人民谋利益，是共产党员一切言行的根本落脚点。**为广大人民谋利益，而不是为少数人或少数集团谋利益，这是工人阶级政党区别于其他政党的根本标志，是中国共产党考虑一切问题、处理一切问题的根本落脚点。我们党把全心全意为人民谋利益贯穿于党的一切活动之中，在革命发展的每一个阶段和关键时期，党都是把是否符合人民的利益作为制定政策的出发点。十一届三中全会以来，我们党倡行的改革开放路线，充分体现了全心全意为人民谋利益的宗旨。在具体实践中，党要求每个党员一言一行都要合乎最广大人民的利益，在行动上要成为为人民服务的模范。

——**不谋私利，是共产党员对待利益问题的基本原则。**共产党除了工人阶级和广大人民的利益以外，没有自己的特殊利益。党的利益同人民的利益是一致的，人民的利益就是党的利益，党代表了人民的根本利益，党没有也不应该追求另外的私利。党要求自己的党员从入党的日子起，就必须把为人民谋利益作为行动的准则，而不应有任何私心杂念。

——**个人利益服从人民利益，是共产党员的党性要求。**我们党从来不否认个人利益、个人抱负、个人追求，但共产党员的个人利益必须服从人民的利益，个人的理想、抱负和追求必须符合党的共同政治理想。对于每一个共产党员来说，如何正确地对待个人利益，是一个突出的问题。改革开放、发展经济，目的就是满足人民不断提高的利益要求，当然这也包括党员个人合理的利益要求。我们党并不反对，并且积极赞成在满足人民利益要求的前提下，合理地满足党员的个人利益。然而，我们的党员高于普通群众的地方，就在于要比普通群众更自觉地一切以人民的利益为重，对待个人利益要先人后己，先公后私。

——**符合不符合人民的利益，是判断我们党得失成败的根本标准。**能不能切实解决人民的利益问题，真正带领人民群众谋幸福，是判断我们党得失成败的根本标准。共产党的一切言行，一切路线、方针、政策、办法都必须以是否满足人民的利益要求作为根本标准。在革命战争年代，我们党带领人民前赴后继，夺取政权，解放生产力，人民满意，人民拥护；在新时期，我们搞改革开放，解放和发展生产力，人民得到实惠，人民满意，人民拥护。我们每一个党员都要以这样的标准来要求自己，衡量自己。

结　语

利益问题是一个重大的现实问题，同时也是一个严肃的哲学问题。马克思主义利益理论为我们提供了在复杂的社会生活中分析、认识、解决一切社会利益问题的明晰的指导。列宁指出："如果你们没有指出哪些阶级的利益，哪些在当前占主导地位的利益决定着各政党的本质和这些政党的政策的本质，那么事实上你们就没有运用马克思主义……" [34] 从历史的跨度来看，利益是社会历史变迁的内在动力，站在利益的角度可以透视整个人类社会，揭示社会历史之谜；从当今风云突变的国际形势来看，利益是左右国际局势的深层原因，以利益为出发点可以洞察世界格局变化的动向；从中国特色社会主义伟大实践来看，运用马克思主义利益理论，可以正确处理人民内部的利益关系和利益矛盾，合理协调各方利益关系，充分调动人民群众的积极性，保持社会持续稳定和谐，推进中国特色社会主义事业发展。

注　释

1　《马克思恩格斯全集》第 1 卷，人民出版社 1995 年版，第 187 页。

2　《列宁全集》第 16 卷，人民出版社 1988 年版，第 136 页。

3　《墨子·兼爱》。

4　《颜元集》。

5　柏拉图：《理想国》，商务印书馆 1959 年版，第 24—25 页。

6　霍布斯：《利维坦》，载《西方伦理学名著选辑》（上），商务印书馆 1964 年版，第 667 页。

7　北京大学哲学系外国哲学史教研室编译：《十八世纪法国哲学》，商务印书馆 1963 年版，第 460 页。

8　爱尔维修：《论人》，1938 年俄文版，第 355 页。

9　《马克思恩格斯全集》第 1 卷，人民出版社 1995 年版，第 187 页。

10　《马克思恩格斯文集》第 1 卷，人民出版社 2009 年版，第 286 页。

11　《列宁全集》第 55 卷，人民出版社 1990 年版，第 75 页。

12　《马克思恩格斯文集》第 9 卷，人民出版社 2009 年版，第 29 页。

13　《马克思恩格斯文集》第 4 卷，人民出版社 2009 年版，第 305 页。

14　《马克思恩格斯文集》第 3 卷，人民出版社 2009 年版，第 320 页。

15　《马克思恩格斯文集》第 4 卷，人民出版社 2009 年版，第 305 页。

16　《马克思恩格斯文集》第 1 卷，人民出版社 2009 年版，第 520 页。

17　《马克思恩格斯文集》第 1 卷，人民出版社 2009 年版，第 536 页。

18　《马克思恩格斯文集》第 1 卷，人民出版社 2009 年版，第 552 页。

19　《马克思恩格斯文集》第 9 卷，人民出版社 2009 年版，第 562 页。

20　《毛泽东选集》第四卷，人民出版社 1991 年版，第 1318 页。

21　《建国以来重要文献选编》第七册，中央文献出版社 1993 年版，第 308 页。

22 《马克思恩格斯文集》第 2 卷，人民出版社 2009 年版，第 588 页。

23 《马克思恩格斯全集》第 1 卷，人民出版社 1995 年版，第 272 页。

24 《马克思恩格斯全集》第 1 卷，人民出版社 1995 年版，第 363 页。

25 《马克思恩格斯文集》第 1 卷，人民出版社 2009 年版，第 42 页。

26 《列宁全集》第 1 卷，人民出版社 1984 年版，第 464 页。

27 克劳塞维茨:《战争论》第 1 卷，商务印书馆 1978 年版，第 11 页。

28 《论语·先进》。

29 《论语·为政》。

30 《论语·宪问》。

31 《韩非子·有度》。

32 《韩非子·难三》。

33 《道德经》第三章。

34 《毛泽东选集》第三卷，人民出版社 1991 年版，第 1094—1095 页。

35 《列宁全集》第 15 卷，人民出版社 1988 年版，第 375 页。

人民群众是历史的真正创造者

——群众观

是否承认人民群众是历史的创造者，是历史唯物主义与历史唯心主义的根本分歧点。

群众观点，是历史唯物主义的基本原理。唯物史观肯定人民群众是历史的创造者，同时也承认个人的历史作用，从而在人类思想史上第一次科学地解决了历史的真正创造者问题，也解决了人民群众和个人在历史上的作用问题。

一、民众是推动历史进步的主导力量
——一位历史学家的"质疑"

1984 年，一位卓有学识的历史学家在《历史研究》上发表了《历史的创造及其它》一文，认为，"人民群众是历史的创造者"这个提法不能成立。其理由是：这种提法源于苏联，在马克思主义经典著作中并无根据；赞成这一提法的人在逻辑推理过程中犯了错误，即"把物质条件的创造者和历史的创造者完全等同起来"，用人民群众的社会实践是一切科学文化艺术的"源泉"来代替精神财富的创造；群众史观与英雄史观一样具有片面性，"两种提法都离开了创造历史的前提，仿佛历史是按照英雄或人民的动机和观念随心所欲地创造的"，"都没有脱离唯心主义的窠臼"。正确的提法是恩格斯的"人们自己创造自己的历史"，并且"不能随心所欲，而必须受既定条件的制约"。

这位历史学家的观点一经发表，立即如一石激起千层浪，有关历史创造者的讨论由史学界迅速波及整个理论界。发表的文章虽然观点各异，但从历史观来看，其核心问题仍是如何理解"历史的人民性"问题，它既是捍卫和发展唯物史观的着力点，也是今天重温这场争论的意义所在。

这场争论尽管已经过去，但提出的问题仍然给人们留下了许多困惑，这些困惑往往引起人们对马克思主义"人民是历史创造者"原理的怀疑。坚持和发展历史唯物主义，正视和破解人们心中的困惑，才能赋予马克思主义群众观新的生命。

是否承认人民群众是历史的创造者，是历史唯物主义与历史唯心主义的根本分歧点。

由于人民群众是历史创造者的问题涉及历史的本质和历史发展的主体，必然成为新历史观的创立者马克思和恩格斯最为关注的核心问题。那么，马克思和恩格斯是怎样层层深入地揭示了"历史的人民性"这一本质的呢？

——从马克思和恩格斯关于物质生活资料的生产是一切历史的前提的观点中，来把握人民群众是历史创造者的思想。人类要生存，首先要吃、穿、住、行。人类生活所必需的物质资料，正是由广大民众生产的，民众是人类社会赖以存在和发展的物质资料的主要生产者。正如恩格斯所说："自从阶级产生以来，从来没有过一个时期社会可以没有劳动阶级。这个阶级的名称、社会地位有过度化，农奴代替了奴隶，后来本身又被自由工人所代替……然而有一点是很清楚的，无论不从事生产的社会上层发生什么变化，没有一个生产者阶级，社会就不能生存。可见，这个阶级在任何情况下都是必要的。"[1]

——从马克思和恩格斯关于历史事变的个人动机与群众动机关系的论述中，来理解人民群众在人类历史发展中的作用。恩格斯指出，要探索历史事变的真实的原因，应当注意的"与其说是个别人物、即使是非常杰出的人物的动机，不如说是使广大群众、使整个整个的民族，并且在每一民族中间又是使整个整个阶级行动起来的动机；而且也不是短暂的爆发和转瞬即逝的火光，而是持久的、引起重大历史变迁的行动。……这是能够引导我们去探索那些在整个历史中以及个别时期和个别国家的历史中起支配作用的规律的唯一途径"[2]。这一论断对于我们自觉地把握人类历史发展的走向，具有极为重要的方法论意义。

——从马克思和恩格斯关于思想动因和经济动因关系的论述中，来认识人民群众在历史发展中的地位和作用。马克思主义经典作家多次指出，由于人们已经习惯于以他们的思想而不是他们的需要来解释历史的活动，因而传统的历史理论至多是考察了人们历史活动的思想动机，却没有考察产生这些动机的原因，没有看出物质生产发展要求是这种动机的根源。人们的思想动机归根到底是由人们物质生活资料生产的实践所决定的。只要承认物质生产实践在人类社会发展中的决定作用，就必然承认作为物质生产实践主体的人民群众在社会历史发展中的主导作用。

是否承认人民群众既是物质财富的创造者，又是精神财富的创造者，也是历史唯物主义与历史唯心主义的一个根本分歧点。

在质疑"人民群众是历史的创造者"的声浪中，主要的困惑都集中在"人民群众是精神财富的创造者"这个命题上。有人认为，不能说所有历史都是物质资料生产者创造的，物质生产仅仅是创造历史的前提，至多是搭建了历史剧的舞台，它本身还不是戏，演戏的并不是人民群众。还有人说，源泉并不等于创造；历史上一些精神财富的创造，连源泉也不是来自人民群众；五代十国时南唐国君李煜（937—978 年）的词"来自宫廷生活和亡国之恨，一些著名的美术作品来自湖光山色的自然界。如果说，李煜和明朝著名画家唐寅（1470—1523 年）也要先吃饭，然后才能填词和画画，从而将他们的词、画说成是人民群众创造的，那就未免太牵强了，也决不是唯物史观的原意"[3]。

上述说法听起来振振有词，似乎主张人民群众是历史的创造者，就必然否认文化精英在人类精神文化发展中的地位和作用。其实，历史唯物主义和质疑者的分歧，既不在于否认李煜的诗词和唐寅的绘画作品，也不在于比拼人民群众和文化精英在历史上各自创造了多少作品，正如他们所说这绝不是唯物史观的原意。真正的分歧在于，历史研究还要不要探讨历史发展的根本动力和根本规律？研究人文科学（包括文学和艺术）要不要关注它们产生的历史条件？所有这些其实都是有关历史发展的必然性研究。偶然性是必然性的表现形式，历史上伟大的文学家和艺术家以其特有的风格和才情创作出千古名篇，但是，"个人的性格只有在社会关系所容许的那个时候、地方和程度内，才能成为社会发展的'因素'"[4]。唯物史观关于社会存在决定社会意识的原理对于理解人民群众和文化精英创造精神财富的关系问题具有重要的方法论意义。恩格斯曾专门论述过哲学和宗教作为更远离物质经济基础的意识形式与社会生活的本质联系，他指出，尽管"观念同自己的物质存在条件的联系，越来越错综复杂，越来越被一些中间环节弄模糊了。但是这一联系是存在着的。从 15 世纪中叶起的整个文艺复兴时期，本质上是城市的从而是市民阶级的产物，同样，从那时起重新觉醒的哲学也是如此"[5]。恩格斯这里着重强调的是文艺复兴时期出现的文学、艺术和哲学等精神产品与城市市民阶级的内在联系，对两者之间必然性的揭示是在承认文化精英个性化创作贡献基础上的深层探索，也是在更高层面揭示了文化精英创作所赖以形成的时代条件。

近年来，社会文化史的研究应运而生，特别是对基层社会历史、普通民众历史、日常生活历史、民间文化历史的研究方兴未艾，通过生活方式的变迁阐明社会意识和民族文化心理的发展演变取得重要成果。研究表明，广大民众与精神文化的关系，并非如质疑者所言只是为观念文化创造提供物质前提，他们本身就是社会生活的主体，芸芸众生的穿衣吃饭、婚丧嫁娶、社会风习本身就构成了社会观念文化史的主体。比较而言，载入史册的官修正史所关注的大事变如改朝换代之类的历史事件，大多如潮汐般很快过去，留不下多少踪迹，但社会底层民众的历史记忆却并不因此而发生根本改变。有的研究者指出，在精英思想世界之外，还有一个更为广阔的民众观念世界，后者具有精英思想不可替代的独特价值。**首先**，民众观念直接来源于人们的生活实际，是生活经验的总结，最切近于人们的生存需要，因而构成了人们（也包括文化精英）精神文化的内核。**其次**，民众观念是活在民众生活当中、支配人们日常言论行为的观念，它是最普遍、最一般、最基本的思想观念，因而是决定社会心理乃至上层知识精英思想的重要因素。**最后**，从思想观念的完整运动过程来看，首先有分散、无序、经验水平的民众观念，然后从中孕育形成理性、概括的精英思想，再升华为被社会所普遍认可的主流思想和主导理念，最后影响整个社会，回归于普通民众的观念之中。民众观念是精英思想孕育产生的基础、土壤和来源，也是精英思想影响于社会、扎根于社会的归宿。因而，民众观念作为社会思想自身运动过程的首尾两头，是不可或缺的必要环节。[6]从民众观念与精英思想的互动来看，源泉固然不等于创造，但缺少了底层民众观念的支撑，精英文化就成了无源之水、无本之木。人民群众是历史的创造者，既应包括人民群众是物质财富的创造者，也应包括人民群众是精神财富的创造者。

人民创造历史，还是英雄创造历史，又是历史唯物主义与历史唯心主义的一个根本分歧点。

从表面上看，对"人民群众是历史的创造者"这一命题的质疑者摆出不偏不倚的姿态，声言只讲英雄创造历史固然不对，只讲人民群众是历史的创造者也有片面性，但内心深处却想把二者调和起来，使两个命题平分秋色，各打五十大板，其目的在于兜售英雄史观的合理性。所以，他们在否定两个命题之后又立即表示："事实是英雄创造自己的历史，不能创造一切历史；人民群众也一样，尽管在历史上作用很大，但不能创造一切历史。"[7]他们反复强调："不能说，所有的历史全都是物质资料生产者、劳动群众、各国人民创造的，而非物质资料生产者、非劳动群众、各国统治者是不参与历史创造的。"[8]他们的手法是先把马克思主义经典作家提出的"人们自己创造自己的历史"引申为帝王将相和人民群众"各自创造各自的历史"，然后再推销"在承认人民群众是自己历史创造者的同时，也承认人民群众以外的社会历史力量也是自己历史的创造者"的观点，他们认为，只要有了这两个承认，"那么，争论双方就没有太大分歧了"[9]。果然，图穷匕首现，鼓吹英雄创造历史的尾巴终于露出来了。为此，他们还举例说，从秦到汉的历史，不仅有陈胜、吴广为代表的农民阶级和刘邦（前265—前195年）、项羽（前232—前202年）的起义队伍参与创造，秦二世（前230—前207年）、李斯（约前284—前208年）、赵高（？—前207年）为代表的地主阶级当权集团以及六国旧贵族的残余势力也参与了这段历史的创造活动。如果只提人民群众是历史的创造者，就是把人民群众和英雄人物对立起来了。[10]

其实，这种"各有各的历史"观才会导致把人民群众和杰出的个人割裂开来、对立起来。上面所提到的否认人民群众是精神文化创造者的思路正是根源于这里的"各有各的历史"观念。按照质疑者的思路，要把完整的历史或如他们所言"一切历史"区分为人民群众自己创造的历史和帝王将相创造的历史。研究人民群众的历史就要研究物质资料生产的历史；研究政治、军事、教育、艺术和宗教的历史，就不能离开帝王将相和其他剥削阶级上层人物的活动。[11] 在他们看来，这两个互不相干的历史是由两个相互分离的主体创造的。英雄人物创造的历史和人民群众创造的历史可以并存，英雄史观和民众史观自然也可以并存。"并列史观"其实是羞羞答答的英雄史观。我们不禁要问，研究政治史、军事史、教育史等，可以绕开人民群众及其作用孤立地研究帝王将相在历史上的作用吗？难道说，在解放战争期间，中国人民前仆后继的革命斗争，只是创造了人民群众自己胜利的历史，而没有同时创造蒋介石反动派失败的历史，后者失败的历史只是他们自己创造的吗？很显然，这种"并列史观"将统一的历史分割为互不相干的两块，就必然为神秘主义留下地盘，导致不可知论。

　　反对人类历史的主体是人民群众，他们是历史进步的主导力量的观点认为，提出人民群众是历史的创造者，就是把无所不包的历史看作是一个独一无二的力量创造的，这是以偏概全。其实，马克思主义提出这一命题时，从来没有否认杰出个人在历史上的作用，也从来不否认还有其他因素是推动历史前进的动力。唯物主义历史观在阐明历史发展的客观规律时，不仅论证了人民群众创造历史的作用，同时也论证了个人的历史作用，既反对历史唯心主义，又反对形而上学的机械决定论。恩格斯在《论权威》一文中举了一个形象的例子，他说，一条大船在暴风雨中航行，这只船最重要的是保持船长的权威。唯物史观认为处于特定历史条件和地位的历史人物，对历史发展有比较突出的促进作用或延缓作用。代表先进阶级的杰出人物，顺应历史的发展，顺应人民的需要，在社会生活中对历史发展起到重要的促进作用；代表腐朽阶级的反动人物，逆历史潮流，反对人民，在社会生活中对历史发展起一定的阻缓作用。不能抹杀个人的作用，更不能夸大个人的作用。正是在这个意义上，唯物史观承认领袖人物的权威作用，但反对片面夸大个人作用，更反对个人崇拜。既要反对个人迷信，又不能搞无政府主义。不承认一定的权威，就是无政府主义。

　　那么，提出"人民群众是历史的创造者"的本质内涵是什么？在历史观层面它的独特价值在哪里呢？**首先**，这个命题的实质在于，它认为物质生活资料的生产活动是人类最基本的实践活动，是决定其他一切活动的活动。因此，人类历史首先应当是直接从事生产实践的人民群众的历史，就此而言，人民群众与其他参与历史创造的人们相比，他们所起的作用是历史的原创力，即原初动力或基础动力的作用。**其次**，推动人们创造历史的思想动机归根到底是由人们物质生活资料生产的实践所决定的。因此，考察人们历史活动的思想动机，从根本上说主要是考察人民群众的思想动机，考察人民群众的思想动机背后的根本动因。**最后**，人民群众是推动历史进步的最终决定力量，即帝王将相等少数人物固然能推动或延缓历史前进的脚步，但最终决定历史格局或决定历史发展趋势的力量则是人民群众。

二、民心是天下兴亡的晴雨表
——民谣《你是一个坏东西》在国统区的流行说明了什么

抗日战争胜利后，国民党挑动内战，打碎了人民向往和平的美好愿望，人民对蒋介石政权仅有的一点信任也全然丧失了。当时，在国统区有一首《你是一个坏东西》的民歌广泛流行，其歌词是："坏东西，拉夫抽丁，征粮征米，拆散父子，拆散夫妻都是你，你的心肠和魔鬼一样的，别国在和平里复兴建设，只有你成天的在内战上玩把戏。你这个坏东西，真是该枪毙！"这首表达"天下怨"的民谣，通过对国民党反动政府推行的祸国殃民政策的控诉，表达了广大民众对当时的国民党反动派为"天下害"的愤怒心情。最终，拥共反蒋的民众如钱塘江大潮般以排山倒海之势推翻了蒋家王朝，这个历史巨变给人们留下了无尽的思考。它告诉人们，要深入把握人民群众是推动历史前进的主导力量，就必须了解民心在人类政治生活史上的重要地位和作用。

认识民心在人类发展史上的作用并把握民心演变的规律性，是坚持唯物史观的重要问题。

何为民心？民心是指广大民众在特定历史时期形成的共同心理意向，它是人们能动地把握现实的特殊方式，本质上是一种价值取向，即人们从自身需要出发对事物价值作出的评判和选择（拥护或反对）。民心向背讲的是人们依据价值评价而形成的对社会现实的情感和态度，它往往成为激发人们为改变现实而行动起来的精神动因。民心向背虽然是一种主观心理层面的东西，但它一经形成并有了明确指向（即民心所向）以后，就会通过人们的激情和意志，推动人们行动起来（民变），短时间内就能转化为改变整个社会、震撼整个时代的物质力量。如抗战胜利后，广大民众在国统区掀起的"反饥饿、反内战"运动，声势浩大、汹涌澎湃，最终冲垮了国民党的统治防线，改变了历史的结局。

心态史学有一条重要定律，即得民心者得天下，失民心者失天下。过去一直笼统地把心态史学视为唯心史观。其实，揭示并承认民心向背与天下得失的因果关系，并不一定就是唯心史观。唯心史观的失误不在于它承认理想、意志等主观因素的历史作用，而在于它忽视和否认最终决定人们行为动机的物质动因，否定主观动机与社会物质动因之间的必然联系。在承认主观动机方面，它们又往往只承认帝王将相等孤家寡人的思想动机决定历史进退，却看不到或有意抹杀广大民众心理诉求对推动历史变迁的重大意义。正如列宁所指出的那样，以往旧的历史理论有两个主要缺点："至多只是考察了人们历史活动的思想动机，而没有研究产生这些动机的原因，没有探索社会关系体系发展的客观规律性，没有把物质生产的发展程度看作这些关系的根源……忽视居民群众的活动，只有历史唯物主义才第一次使我们能以自然科学的精确性去研究群众生活的社会条件以及这些条件的变更。"[12] 由此可见，如何理解民心向背决定历史走向这一原理才是不同历史观的分野所在。

毫无疑问，历代史学家都把民心向背作为天下兴亡的晴雨表，但其哲学根据何在，却很少有人问津。其实，这个问题首先涉及人们的价值选择与历史发展的必然性的关系，因而是一个涉及价值观与历史观关系的重大理论问题。

——人们的价值选择不能外在于历史发展的必然性。唯物史观把社会历史理解为现实的人的活动，从人的活动中探索出隐藏在人的目的背后的"物质动因"，并以此为基础来说明社会历史发展的规律性及其作用方式。历史发展的必然性是世代相续的人们活动之间的历史联系，是现实条件同人的活动及其结果之间的本质联系，是活动的目的、手段和结果（包括直接后果和间接后果）之间的内在联系。历史必然性不同于自然必然性，它是在人类社会实践活动中形成的，并在以社会的人为主体的活动中起支配作用的必然性，这种必然性虽然不能由人事先预制或随意取消，但它也不能离开人的实践而孤立地存在。[13] 现实的人的活动都是有目的的，而人的目的作为"理想的意图"，是人们依据自身的需要对客观现实的某种可能性作出的价值判断和选择。这种判断和选择在事物由可能向现实转化过程中起着不可或缺的作用。因此，人们的价值评价和价值选择，在实践过程中构成历史发展因果链条中的必要因素，或者说，价值因素是内在于历史必然性的东西。"凡是现实的都是合理的，凡是合理的都是现实的"，黑格尔的这句名言猜测到了理性（科学理性与价值理性）与必然性之间的内在联系。按照恩格斯的理解，现实的并不等于现存的，现实的属性仅仅属于那同时是必然的东西，"现实性在其展开过程中表现为必然性"，而我们称之为"必然"的东西，一是指它合于客观世界固有本性之理，二是指它合于人的社会需要即人的社会本性之理。很显然，历史必然性作为现实性的展开过程，乃是客观世界的普遍尺度与人的价值尺度辩证的、历史的统一过程。从这个意义上说，价值关系本身就是一种合乎规律的关系。

历史必然性即社会历史规律，大致可以分为三类：一是体现社会发展趋势的必然性，如生产关系必须适合生产力状况的规律；二是体现人本身发展趋势的必然性；三是体现社会发展与人的发展的相互关系的必然性，如环境的改变和人本身的改变趋于一致的必然性等。生产力的发展、生产关系的进步，最终是以人本身的自由而全面的发展为归宿的。正如马克思所言："生产力和社会关系——这二者是社会个人的发展的不同方面"[14]，"历史随着人们的生产力以及人们的社会关系的愈益发展而愈益成为人类的历史"[15]。人本身的发展是历史必然性的最根本的内容。当然，历史的发展也经常表现出对人的否定，如近代以来的殖民主义、军国主义、霸权主义所奉行的弱肉强食原则，对弱小民族进行种族灭绝等倒行逆施，也具有一定的历史必然性，但这只是历史的、暂时的、必将被取代的必然性。

民心向背在人类全部政治生活中具有决定意义，揭开这一谜团的正是绝大多数人的价值选择同历史必然性的本质联系。人们不必到历史必然性之外去寻找价值选择的根据，因为历史必然性本身就是科学价值取向的客观基础。历史周期率的重演反复地证明着民心向背与历史必然性的一致性。

——人民群众的物质精神生活状况最终决定民心向背。民生决定民心，正是民生状况的剧变导致了民心向背的骤变。人心之厚薄取决于民生之荣枯，这是千古不变的法则。民生是民众生活的总称，民心则是民众对当下生存状况的感受和对未来的希望。民生包括生活的方方面面，它既包括与民众生存相关的物质条件，也包括与民众发展相关的各种社会保障。民生不仅表示人与物的关系，更涉及人与人的关系。因此，民生幸福与否不仅与民生的物质基础相关，也与民众精神需求的满足和政治参与的状况有关，是一个极为复杂的社会现象。人类的一切活动都与民生有关，维护和增进民生是政府的唯一职责，政府对民生贡献之大小，取决于满足民生需求的程度和方式。很显然，就政府与民众的关系而言，民生就是最大的政治，基本民生的托底保障是避免历史周期率重演的底线。历史的方向与人民的愿望是一致的，谁代表了人民，谁就代表了历史前进的方向。正是在这一点上，国共两党选择了不同的路线，得到了不同的历史结局。

国共两党的博弈在价值观上是肯定还是否定民生价值观的较量，其背后则是两种历史观（即帝王史观还是民众史观）的比拼。貌似强大的国民党很快失去民心，并不是一种失误，而是由其所代表的统治集团利益所决定的。蒋介石政权的阶级基础是大地主、大资产阶级，其经济基础是以四大家族为代表的封建的、买办的、垄断的资本主义。在他们当权的 22 年中，垄断了全国的经济命脉，至抗战结束，四大家族控制的银行存款额占 80%—90%。与此同时，他们还依靠其政治特权，用超经济手段进行掠夺。在连年战争中，大批官员大发战争财、国难财，日本投降后，趁接收之际，又大发"胜利财"，变卖和鲸吞敌伪资产中饱私囊。以丧尽天良的手段实现对财富的占有，只能以丧失民心为代价。以经济垄断而独裁，由政治独裁而发动内战，由军费激增而引发通货膨胀、财政破产，将中国人民推向灾难和死亡的绝境，人民的一切幻想都破灭了。蒋介石（1887—1975 年）在 1948 年 11 月 5 日的日记中承认：最近军事与经济形势，皆濒险恶之境，一般知识人士，尤以左派教授及报章评论，对政府诋毁污蔑，无所不至。盖人心之动摇怨恨未有今日之甚者。著名作家朱自清（1898—1948 年）写道："到了现状坏到怎么吃苦还是活不下去的时候","老百姓本能的不顾一切的起来了,他们要打破现状",[16]民众心态的逆转源于国民党的祸国殃民、倒行逆施。由于国民党视民众如草芥,防民甚于防寇,其政府决策无视甚至摧残民意,最终付出了丧失政权的代价。

中国近代史的主题是对外坚持反抗侵略,对内铲除封建制度,实现民族独立、人民解放。这一时代主题是大势所趋,也是民心所向。是促进还是阻挠这一问题的解决,是评价近代各个政治集团、历史人物和历史事件的根本标准。以唯物史观为指导的中国共产党人坚信,人民是历史的创造者,是历史的真正主人。没有人民主体力量的觉醒,中国无法从沉沦中崛起。在深刻体认中国近代历史走向的基础上,中国共产党把一切为了人民、一切依靠人民作为根本宗旨贯彻于政治、经济和文化各方面的政策之中。抗战胜利后,高举反帝、反封建、反官僚资本主义的革命旗帜,不仅普遍地、彻底地解决了农民的土地问题,而且代表了城市各阶级、各阶层人民的利益,赢得了人民的衷心拥戴。1949 年 1月,55 位各民主党派领袖和无党派民主人士发表联合声明,宣布接受共产党的领导,表明中国历史翻开了新的一页。中国共产党因扎根于人民之中、以人民为靠山而具有无穷的力量,它的领导地位的取得是历史的必然、人民的选择,而这也是共产党人尊重历史规律、自觉选择人民价值观的结果。

——只有唯物主义历史观才能彻底破解黑格尔提出的历史目的论或"理性狡计说"，才能深刻理解"历史上报应的规律"。在社会历史领域，任何事情的发生都不是没有自觉的意图、没有预期的目的的。让哲学家们不解的是，许多单个行动的目的是预期的，行动所产生的直接结果或间接结果却并不是预期的。面对许多英雄人物从历史巨人变为侏儒、从君临天下变为阶下囚的可悲下场，聪明的哲学家往往用神秘的天意加以解释。德国哲学家黑格尔针对这种历史现象提出了历史目的论和"理性狡计说"。由于他把精神、理性看作某种独立的东西，看成是历史过程的决定力量，所以他把历史看作精神或理念显现的过程，个人的自觉活动不过是充当理性自我实现的工具。历史就是精神或理性假借英雄人物追逐个人私欲而达到自己的目的，这就是"理性的狡计"。追问历史上的英雄人物的命运究竟是由什么决定的，这是许多历史哲学家挥之不去的心结。"理性狡计说"是一种辩证的历史观，这种朴素的否定性的辩证法早就被明末的王夫之（1619—1692年）猜测到了，他早于黑格尔150年，在《读通鉴论》《宋论》等著作中指出，具有大欲的英雄人物是"天意"的工具，他们所成就的大业都是"天假其私以行其大公"的例证，待其使命终了，就被天理所抛弃。所以，他警告那些好大喜功的神武人物不要做天理的被动工具，而要做天理的掌握者，即"独握天枢"的斗士。王夫之和黑格尔从历史人物的成功和失败中发现了个人私欲与历史必然性的对立统一关系，但由于历史观的局限，他们尚未认识到历史的主体是广大民众，而把历史必然性理解为"天理"或"天意"，得出了"历史目的论"的结论。针对黑格尔的"理性的狡计"和历史目的论，马克思和恩格斯指出："历史不过是追求着自己目的的人的活动而已。"[17] 他们还批评说："天命，天命的目的，这是当前用以说明历史进程的一个响亮字眼。其实这个字眼不说明任何问题。"[18] 王夫之、黑格尔所说的"天意""天理"并不像他们所说的是某种"无人身"的理性，而是作为历史主体的人民群众的意愿，"天视自我民视，天听自我民听"的古训表明，民意，只有人民群众才是主宰天下、决定英雄人物历史违顺的主体力量。其实，在历史创造中真正起作用的主要不是个别人物的私心和情欲，而正是推动亿万民众积极行动起来的动机，而动机背后则是物质生产和生活的实践。

历史的必然性作为在人的活动中产生并发挥作用的必然性，其本身就包含有客观的价值取向即价值的必然性。从历史的长时段来看，历史必然性与价值必然性的统一，使人类历史表现出一种总的趋势，即正义原则必然战胜邪恶原则，真善美必然战胜假恶丑。正是基于这种根本趋势，马克思提出了"历史上报应的规律"这一命题。他说："人类历史上存在着某种类似报应的东西，按照历史上报应的规律，制造报应的工具的，并不是被压迫者，而是压迫者本身。"[19]"善有善报，恶有恶报"并不全是宗教迷信，而是历史必然性的曲折反映，属于历史本身的否定性的辩证法。辩证法在其合理形态上，引起了一切剥削阶级及其辩护者的恼怒和恐慌，因为辩证法对每一种历史行程都是从不断的运动中，因而也是从它的暂时性方面去理解的。它在对现存事物的肯定的理解中，同时包含着对现存事物的否定的理解。因此，辩证法既是一种辩证历史观，也是一种辩证价值观。历史必然性的展开有时表现出"报应的规律"，充分反映出历史过程的复杂性。例如，蒋介石表面上充当了孙中山革命遗嘱执行人的角色，借助工农的力量取得了北伐的胜利，窃取了革命的成果。但他一旦站稳脚跟，就代表大地主、大资产阶级的利益镇压工农革命运动。蒋介石的独裁统治是十分短命的，由于祸国殃民，最终又被人民革命的浪潮所推翻。蒋介石的失败并不是"天罚"、被"天"所抛弃、成为天意的工具，而是他罪有应得，被人民所抛弃。换言之，他的失败是自掘坟墓。由于其倒行逆施所造成的毁灭性的后果，使得民众不得不揭竿而起，将他们彻底埋葬。

三、民主是打破历史周期率的利器
——黄炎培对毛泽东的耿耿诤言

1945 年 7 月 1 日，黄炎培（1878—1965 年）等 6 位国民参政员飞赴延安访问。7 月 4 日，毛泽东在百忙中邀请黄炎培到家中做客，整整长谈了一个下午。毛泽东问黄炎培，来延安考察有什么感想？黄炎培敞开心扉，坦诚地说："我生六十多年，耳闻的不说，所亲眼看到的，真所谓'其兴也勃焉，其亡也忽焉'，一人，一家，一团体，一地方，乃至一国，不少单位都没有能跳出这周期率的支配力。……一部历史，'政怠宦成'的也有，'人亡政息'的也有，'求荣取辱'的也有。总之没有能跳出这周期率。中共诸君从过去到现在，我略略了解的了，就是希望找出一条新路，来跳出这周期率的支配。"[20] 黄炎培这一席耿耿诤言，掷地有声。毛泽东高兴地答道："我们已经找到新路。我们能跳出这周期率。这条新路，就是民主。只有让人民来监督政府，政府才不敢松懈。只有人人起来负责，才不会人亡政息。"[21] 在这一问一答中，黄炎培提出历代兴亡的周期性循环问题，提出如何跳出周期率的支配力问题，其用意是希望中国共产党能够找到一条新路，真正打破治乱兴亡的循环。毛泽东从历史观的高度给予了回答，即支配历史变迁的主导力量是人民群众，我们只有依靠创造历史的主体，才能真正打破"其兴也勃焉，其亡也忽焉"的历史周期率，这一回答可谓高屋建瓴。

两位政治家的对话揭开了民主政治建设的新篇章。时至今日，我国在社会主义民主政治建设的道路上走过了六十多年的历程，取得了巨大的成就，也经历了许多曲折和失误。抚今追昔，从唯物史观的高度来总结中国社会主义民主政治建设的实践经验，对几个重大的理论问题进行清理，是十分必要的。

关于民本与民主的关系。

有人说，中国历史上的民本思想，就是具有中国特色的民主思想，这种看法能否成立？从字面上看，民本与民主作为政治体制，最基本的方面都是指称民众与政权的关系，两者确有相似之处。但从本质上看，两者在权力的来源、权力主体、权力与法制、权力与权利的关系等方面的看法，是截然不同的。为什么以"民本"为理念的执政者屡屡失败？为什么民本体制解决不了兴亡周期率问题？由民本到民主的跨越要迈过哪些门槛？这一系列追问要求人们从根本上把握古代民本与近代民主的区别所在。中国古代民本思想十分丰富，如"民惟邦本，本固邦宁"[22]，"民者，君之本也"[23]。孟子（前 372—前 289 年）提出了民贵君轻的思想："民为贵，社稷次之，君为轻"[24]，他还说："得天下有道，得其民，斯得天下矣；得其民有道，得其心，斯得民矣；得其心有道，所欲与之聚之，所恶勿施，尔也。"[25]西汉的贾谊（前 200—前 168 年）在《新书·大政上》提出："闻之于政也，民无不为本也。国以为本，君以为本，吏以为本。"荀子还为民本思想进行了论证："天之生民，非为君也；天之立君，以为民也。""君，舟也；庶民，水也。水则载舟，水则覆舟。"[26]这些重民思想成为中国历代封建统治者的资治通鉴，如唐太宗李世民（598—649 年）就强调"为君之道，必须先存百姓"[27]。问题的实质在于，民本是与封建君权紧密相连的，民本体制不同于民主体制的要害，是它承认封建君主为权力的主人，处于"三纲"框架下的民本，总是以封建君主的统治"法自君出，法不犯上"为前提的。所以，民本思想表面上看是民本位主义，实际上背后是封建君本位主义。民本主义不是以民为本，而是愚民为本，它不过是封建君主本位的对应物。在皇权支配社会的封建时代，皇权不仅是政治上唯一的权源，而且在权力世界中居于核心地位，故商鞅云："权者，君之所独制也……权制独断于君则威。"[28]民本思想并没有把监督、节制和罢免君主的权利赋予民众，而是寄托于天，历代君王也是以"奉天承运"的名义行使君权的。

与民本思想不同，民主思想是资产阶级在反对封建制度的斗争中率先提出来的，是针对封建专制而提出来的。资产阶级民主思想主张主权在民，民是权力的主体。民众的权利决定并高于执政者的权力，国家权力是实现人民权利的工具。当然，资产阶级民主主张是有阶级局限性的，所谓主权在民、民是权力的主体，主要是争夺资产阶级的统治权和民主权利。当资产阶级变为统治阶级以后，一方面标榜资产阶级民主是最成熟、最完善的民主，加大资产阶级民主的欺骗性；另一方面又加强资产阶级的国家专政作用，加强军队、监狱、法庭等资产阶级专政工具的建设。

当资产阶级在革命上升时期，资产阶级民主受到封建专制的打压，当民本遭遇民主、君权遭遇民权时，资产阶级革命的思想家高呼民主思想。中国民族资产阶级思想家、《自由书》的作者梁启超向国人高呼"誓起民权移旧俗"的口号，而作为传统政治体制的卫道士张之洞却以"皇权至上"加以对抗，提出"知君臣之纲，则民权之说不可行也"[29]。由此可见，民本主义虽然口中不离"民惟邦本""民贵君轻"的说法，但它是对应于皇权至上、朕即国家的观念的，其目的是为巩固君权服务的。在近代中国的革命与改革潮流中，追求资产阶级民主主义的运动始终是晚清以来思想解放和启蒙运动的主旋律之一。近代中国对民主的追求，主要是针对民权缺位的封建制度展开的，不同的政治派别虽然都接过了民主的口号，但对建立何种民主制度却存在严重的分歧，这种分歧的背后是各派具有不同的历史观。

中国民族资产阶级所主张的民主是资产阶级旧民主主义。代表中国工人阶级的政党——中国共产党所主张的民主是反封建、反帝国主义、反官僚垄断资本主义的，代表以工人阶级为领导阶级的、以工农联盟为基础的、团结一切可以团结的进步力量的新民主主义。社会主义民主是完全不同于，并且高于资产阶级民主的新式民主。中国通过新民主主义革命和社会主义革命，建立了社会主义民主政治。

人民当家作主与党的领导的关系。

人民当家作主与党的领导的关系，是中国特色社会主义民主政治建设中的核心问题。中国特色社会主义民主在理论上能不能站住脚，在实践中能不能行得通，都与能否正确地认识和处理坚持共产党领导与发展人民民主密切相关。

有人说，民主是没有"领导"的，只要有共产党或其他什么组织的领导，就谈不上民主。还有人说，如果没有触及共产党的领导地位，就谈不上政治体制改革。在这些人看来，人民当家作主与党的领导是对立的。很显然，这种对立的观点不仅无视社会主义民主政治的本质和规律，而且还触及历史观的大问题了。

要具体把握马克思主义关于人民群众是历史的创造者的命题，就要从唯物史观高度搞清楚群众、阶级、政党和领袖的关系问题。列宁说："群众是划分为阶级的……在通常情况下，在多数场合，至少在现代的文明国家内，阶级是由政党来领导的；政党通常是由最有威信、最有影响、最有经验、被选出担任最重要职务而称为领袖的人们所组成的比较稳定的集团来主持的。"[30] 可见，要科学地把握人民群众在社会历史中的作用，**首先**，要对群众进行阶级分析，并通过这种分析阐明群众中究竟哪些阶级是新的生产力和生产关系的代表者，是革命和建设的领导阶级。否则，就会把人民群众创造历史的真实关系遮蔽，变为一个空洞的概念。**其次**，阶级通常是由政党来领导的。一个阶级要作为整体来行动，就必须形成自觉的组织。政党是阶级组织中最严密、最高级的形式，它有集中代表本阶级利益的政治纲领，并成为本阶级的实际组织者和领导者。与有产阶级具有自发的阶级意识不同，无产阶级的阶级意识不是自发产生和发展的，它要求先进思想的启发和引导，需要在无产阶级政党领导下的革命实践中逐步培育和发展，即无产阶级的阶级意识是通过无产阶级政党实现的。**再次**，无产阶级实现民主的途径与资产阶级不同，资产阶级可以通过富人间的议事规则实现民主，无

225

产阶级只能通过共产党领导实现阶级的聚集夺取政权，进而实现阶级的民主。无产阶级的解放不能通过个体行为，一个无产者可以通过个体行为变成有产者，无产阶级的解放却只能是整体的解放，这个整体解放的保证就是用马克思主义武装起来的共产党。[31]

综上所述，无产阶级与其政党是一个相互依赖、相互作用的有机整体。一方面，人民群众在历史运动中需要先进的阶级及其政党的领导，显示出群众、阶级对政党的正确领导的客观要求。另一方面，是政党对群众、阶级的代表、依靠和服务的关系。群众、阶级之所以需要政党，是因为政党能够代表和维护他们的利益。毛泽东说："我们的责任，是向人民负责。……人民要解放，就把权力委托给能够代表他们的、能够忠实为他们办事的人，这就是我们共产党人。我们当了人民的代表，必须代表得好。"[32] 总之，政党是民众自愿组成的政治组织，它的功能是使群众组织化。政党是民主政治建设的题中应有之义，现代的民主政治都是政党政治，否认政党的地位和作用，无异于取消了民主政治建设本身。

与人民群众的血肉联系是共产党的最大政治优势，是社会主义民主政治建设的本质和灵魂。改革开放以来，党的历史方位发生了深刻变化，党已经从领导人民为夺取政权而奋斗的党，转变为领导全国政权并长期执政的党；从在外部封锁条件下领导国家建设的党，成为在改革开放条件下领导国家建设的党，即从领导计划经济的党转变为领导市场经济的党。历史方位的变化，不仅使共产党的自身建设面临新的考验，而且对原有的党群关系，对社会主义民主政治建设提出了新的挑战。在市场经济条件下，执政的共产党如何保持自身的先进性，总是与在市场经济条件下党群关系的新变化密不可分，即在市场经济条件下如何保证广大人民群众当家作主这一点紧密相关，这是共产党打破历史周期率所面临的最大历史课题。

关于人民当家作主与依法治国的关系。

人民当家作主是社会主义民主政治的本质特征，依法治国是共产党领导人民治理国家的基本理念和方略。只有依法治国，才能使人民主权从内容到形式全面得到实现。

要改革和完善党的领导体制和执政方式，最根本的就是把人民当家作主与依法治国有机统一起来。

——**要推进依法治国，首先要明了民主与法制的本质联系。**从民主对法制的规范来看，社会主义民主是社会主义法制的灵魂和基础。**社会主义民主是社会主义法制产生的依据。**只有人民掌握了国家政权，并选择了民主的政权组织形式，才有可能通过国家机关制定体现自己意志的法律，实行社会主义法制。一切权力属于人民，这是我国国家制度的核心内容和根本准则，也是我国推行依法治国的根本出发点和归宿。**社会主义民主规定社会主义法制的性质和任务**。社会主义民主从根本上说是人民当家作主的政治制度，社会主义法制必然把保障和实现人民的民主权利特别是保障人民管理国家的权利，作为自己的职责。**社会主义民主是社会主义法制力量的源泉**。法律的威力是"流"，不是"源"，它植根于民主制度。只有当法律真正反映人民意志，受到人民的真诚拥护与遵守时，它才在事实上具有并发挥法制的威力。实践证明，民主制度越发展、越健全，则法制的威力越大。因此，依法治国，建设社会主义法制国家，始终要以发展社会主义民主作为宗旨和使命。

从法制对民主的功能来看，社会主义法制是社会主义民主的体现和保障。人民当家作主、掌握国家政权这一事实，需要用法的形式确定下来，使其合法化。同时，还要以法的形式确定适合人民当家作主的政权组织形式（包括国体和政体）。社会主义法制将人民民主具体化为国家机关的职权和公民的各种权利，并为其实现规定了程序、原则和方法。社会主义法制通过制裁违法犯罪行为体现和保障人民民主。

社会主义民主与社会主义法制是密切结合、不可分割的，离开民主，法制就会变为专制，民主就会落空。离开法制，民主不可能存在和发展，离开社会主义法制的民主也绝不是社会主义民主，代之而起的将是无政府主义的泛滥甚至动乱的出现。必须正确地认识和处理民主与法制的关系，把民主建设和法制建设结合起来，逐步通过民主法制化和法制民主化的途径，促进民主和法制的共同发展。

——要推进依法治国的过程，还要在理论上划清人治与法治的界限。古往今来，关于治国理政的思想繁多，大体上表现为两类："人治"与"法治"。何为人治？为何要从人治走向法治？所谓人治，又称个人之治。在中国古代，儒家的孔子提出"为政在人"："其人存，则其政举；其人亡，则其政息。"[33] 法家提出的"以法治国"是变相的人治，它把法单纯作为治国的工具使用，遵循的仍是法不犯上和君主至上的原则。人治论主张圣君贤相的道德教化，推崇个人权威，拥护个人掌握最高权力，法律的立、改、废由个人决定，把个人意志作为治国的依据。当法律与最高领导人发生矛盾时，人治论主张个人至上、权大于法。

与人治思想不同，法治的本意是依法治国，不是单纯把法看作治国的工具而是看作治国的依据。依法治国的实质是法律主治或法的统治。换言之，人民掌握最高权力，而法律则体现最高权力。人民主权原则即人民当家作主原则是法治的灵魂，依法治国最能体现和保障人民当家作主权利的落实。只有站在人民主权的立场上，才能把握依法治国的主体与对象。一切权力属于人民，这是我国国家制度的核心内容和根本准则，也是我国推行依法治国的根本出发点和归宿。既然国家是人民的，人民就是依法治国的当然主体。这种主体地位不能授权给任何人或单位，否则，就会使社会主义国家变质，成为改头换面的人治。尽管国家机关是依法治国的重要载体，公务人员依法行使职权是法律赋予的使命，但他们仍然不是依法治国的主体。国家机关及其工作人员与人民的关系是从属关系，他们只是人民的公仆。国家机关固然受人民的授权，并行使一定的权力，但这只是具体权力的授权，而不是治理国家主体资格的授权。政府的权力如此，执政党的权力亦然。在执政党与法律的关系上，执政党必须在宪法和法律的范围内活动。法律是人民意志的体现，正是人民主权原则赋予了法律所具有的至上和至尊的地位，揭示了"依法治国"方略与人民根本利益的一致性。

——要推进依法治国的进程，还要自觉地把实质民主与程序民主统一起来。邓小平很早就认识到国家政权与法、民主政治与法、政治体制改革与法的内在联系，他在思考政治体制改革时，总是把民主与法制统一起来。他一方面注意发挥民主的实质性功能，强调没有民主就没有社会主义，民主是思想解放的重要条件，调动人民群众积极性是最大的民主。另一方面，他又十分关心民主的形式问题、程序问

题、法制化问题。他深深地懂得,社会主义民主是随着法制
建设的完备而不断扩大的,只有把人民当家作主的各项权利
制度化、法律化,才能彻底铲除封建专制主义及其赖以生存
的社会基础。法制国家的含义是法治政治,解决领导体制上
以党代政、以党代法的问题,必须走民主制度化、法制化
的道路,把社会主义民主纳入法治的程序。邓小平说:"要
通过改革,处理好法治和人治的关系,处理好党和政府的
关系。"[34]

邓小平强调制度与个人相比,更具有根本性。他说:"我
们过去发生的各种错误,固然与某些领导人的思想作风有
关,但是组织制度、工作制度方面的问题更重要","不是说
个人没有责任,而是说领导制度、组织制度问题更带有根本
性、全局性、稳定性和长期性。这种制度问题,关系到党和
国家是否改变颜色,必须引起全党的高度重视"。[35]他说:"我
有一个观点,如果一个党、一个国家把希望寄托在一两个人
的威望上,并不很健康。那样,只要这个人一有变动,就会
出现不稳定。"[36]他明确地指出:"为了保障人民民主,必须
加强法制。必须使民主制度化、法律化,使这种制度和法律
不因领导人的改变而改变,不因领导人的看法和注意力的改
变而改变。"[37]实现社会主义民主,必须加强制度建设,使
人民民主法律化、制度化,才能保证人民民主的实现。

四、民生是高于一切的人民的根本利益

——从民谣《老天爷》到"必须给人民以看得见的物质福利"

在新中国成立前的国民党统治地区，爱国民主运动空前高涨，歌咏活动也十分活跃。在人们传唱的歌曲中，有首歌特别富于感染力和影响力，并且来历也颇具传奇色彩。

这首歌的名字叫《老天爷》。歌词是这样的："老天爷，你年纪大，耳又聋来眼又花。老天爷，你年纪大，你看不见人来听不见话。杀人放火的享受荣华，吃素看经的活活饿杀。杀人放火的享尽荣华，吃素看经的活活饿杀。老天爷，你不会做天，你塌了罢！老天爷，你不会做天，你不会做天，你塌了罢！你塌了罢！你塌了罢！"

《老天爷》这首民谣本是明朝末期的一首民谣，是基于明末时期天灾人祸、官兵祸害人间的实情而写的。康熙年间艾衲居士，又称艾衲道士、艾衲老人，把这首民谣收录在《豆棚闲话》一书中。虽然《老天爷》这首民谣并非针对国民党而创造的，但是，国统区这首歌的流传，令人深切地感受到国民党统治下老百姓生活的悲惨。慢慢品来，我们可以发现这首民谣反映出"民生大于天"的历史事实。当民生不为天所关注，人民便开始诅咒天"塌了罢！"不顾民生必将

导致民怨，民怨沸腾必将导致推翻不代表人民利益的集团的群众运动。

民生就是人民的生存权、生活权、幸福权，是人民追求美好幸福生活的需求，是人民的根本利益之所在。人民的利益高于一切，民生重于一切。如果顺应人民的利益，重视民生，那么便会推动历史的进步；如果与人民的利益背道而驰，无视民生，那么人民便会维护自己的利益，同违背人民利益的行为作斗争。

人民既是经济利益、政治利益和精神利益的创造者，也是这些利益的享有者。任何真正的社会运动，都是人民为争取自己的权利、利益而自觉参与的运动，都是民生运动。在剥削阶级占统治地位的社会中，人民在经济、政治、社会各方面处于无权地位，他们的作用得不到正常的发挥。人民要争取自己的经济利益、政治权利，就必须进行反对统治者和剥削者的斗争。在社会主义条件下，人民在经济上有了生产资料的所有权和支配权，在政治上也确立了自己的主体地位。作为人民利益代表的中国共产党必须一切从人民的利益出发，重视民生，抓好民生。

民生需求是历史的、动态的、不断向前发展的。实际上，社会主义经济、政治、文化发展的目的是为了满足人民的利益需求，人民的利益需求是社会主义经济发展、政治发展和文化发展的内在的驱动力。正是由于民生需求在不断地发展，生产才需要不断地发展，以满足人民物质文化的利益需要。

人民是由现实的人组成的，而现实的人要想实现其社会利益，需要满足吃、穿、住、用、行等个人基本需求，这本身也就说明民生需求就是要满足每个人利益的合理性。邓小平认为："每个人都应该有他一定的物质利益。"[38]"不讲多劳多得，不重视物质利益，对少数先进分子可以，对广大群众不行，一段时间可以，长期不行。革命精神是非常宝贵的，没有革命精神就没有革命行动。但是，革命是在物质利益的基础上产生的，如果只讲牺牲精神，不讲物质利益，那就是唯心论。"[39]正当的物质利益需求是应该得到尊重和支持的，一定要使人民得到应该得到的、看得见、摸得着的物质利益，而且随着经济的发展，人民得到看得见、摸得着的物质利益要不断地增加。只有这样，才能使人民真心诚意地拥护改革开放和社会主义现代化建设。

毛泽东把合乎最广大人民的最大利益作为最高标准，"应该使每个同志明了，共产党人的一切言论行动，必须以合乎最广大人民群众的最大利益，为最广大人民群众所拥护为最高标准"[40]。这就是我们共产党人解决民生问题的最高准则。民生要求与历史发展的必然性是相一致的，能否代表人民的根本利益，得到人民的拥护，是国家兴衰成败的关键。因此，要把人民的利益、意志、愿望、要求作为党和国家制定路线、方针、政策的出发点和归宿，在任何时候、任何条件下，都必须一切从人民利益出发，全心全意地为人民服务，实际地解决好民生问题。"我们共产党人区别于其他任何政党的又一个显著的标志，就是和最广大的人民群众取得最密切的联系。全心全意地为人民服务，一刻也不脱离群众；一切从人民的利益出发，而不是从个人或小集团的利益出发；向人民负责和向党的领导机关负责的一致性；这些就是我们的出发点。"[41]

民生高于一切，一切为了人民利益，是邓小平理论的出发点和最终归宿。邓小平时刻关注民生，关注人民的利益和愿望。抗日战争时期，他在总结战争经验时就指出，敌占区和游击区都要为保护民生打算，否则，敌占区人民就不会支持我们，根据地就会退缩，就不能维系人心，最终必将导致抗日战争的失败。新中国成立后，邓小平认为国家的主要任务是进行经济建设，搞经济建设归根到底就是要满足人民的实际生活需要。他说："按照历史唯物主义的观点来讲，正确的政治领导的成果，归根结底要表现在社会生产力的发展上，人民物质文化生活的改善上。如果在一个很长的历史时期内，社会主义国家生产力发展的速度比资本主义国家慢，还谈什么优越性？我们要想一想，我们给人民究竟做了多少事情呢？我们一定要根据现在的有利条件加速发展生产力，使人民的物质生活好一些，使人民的文化生活、精神面貌好一些。"⁴² 邓小平一再强调，党在不同历史时期所面临的环境、所承担的具体的任务会发生变化，但坚持全心全意为人民服务的宗旨永远不会变。全心全意为人民服务，最重要的就是要把"人民拥不拥护""人民赞不赞成""人民高不高兴"作为各项方针、政策的出发点和归宿，这是解决民生问题的根本出发点。

共同富裕是社会主义的重要本质，是社会主义不能动摇的基本原则，是社会主义解决民生问题的最高要求。**社会主义必须走共同富裕的道路，解决好民生问题，努力维护好、实现好、发展好人民利益。**什么是社会主义？社会主义的本质是什么？邓小平一针见血地指出："社会主义的本质，是解放生产力，发展生产力，消灭剥削，消除两极分化，最终达到共同富裕。"⁴³ 社会主义最基本的特征有两条：一条是解放和发展生产力，另一条是不搞两极分化，共同富裕。这两条是一致的，可以说，社会主义的本质是共同富裕。共同富裕有两层内涵：一是要解放和发展生产力，富起来，贫穷不是社会主义；二是要共同富起来，两极分化也不是社会主义。我国社会主义建设的经验教训，苏联、东欧社会主义失败的惨痛教训明确告诫我们，生产力发展不上去，就不是合格的社会主义；社会主义要富起来，必须发展生产力，发展生产力是根本任务。生产力发展不上去，社会主义制度的优越性就发挥不出来。正是从上述意义上说，解放与发展生产力是社会主义本质的重要内涵。社会主义不排斥富裕，但要的是共同富裕，社会主义解放和发展生产力是为了共同富裕，共同富裕是社会主义的目的，实现共同富裕是民生的根本利益之所在。

我们党执政要解决两大任务：一个任务是做大蛋糕，就是解放和发展生产力，让国家尽快地富起来、强起来，这是社会主义共同富裕的物质基础。另一个任务就是要分好蛋糕，解决好分配问题，防止和避免两极分化，让全体人民共同富裕。现在看来，如何分好蛋糕，解决好社会公正问题，这是必须面对的重大现实问题。解决好共同富裕的问题就是解决民生的中心问题，是推进中国特色社会主义发展的重大战略选项。

社会主义制度是实现共同富裕的根本保证，坚持社会主义公有制是实现共同富裕的经济基础，毫不动摇地坚持主体地位的公有制是我国社会主义必须坚持的根本原则。同样，党的领导、依法治国、人民当家作主的政治制度是实现共同富裕的政治保证。是否真正实行人民民主，即人民当家作主，是社会主义政治制度的核心问题，人民代表大会制度是我国社会主义根本政治制度。这是实现共同富裕的社会主义的根本制度保证。坚持马克思主义的指导地位，坚持社会主义核心价值观的主导地位，坚持共产主义远大理想和中国特色社会主义共同理想的理想信念主心骨地位，是坚持社会主义共同富裕的思想基础。

结　语

掌握马克思主义群众观点，坚持历史唯物主义关于人民群众是历史的真正创造者的原理，对于正确认识社会发展规律，正确处理人民群众是历史的创造者和个人在历史上的地位和作用的辩证关系，坚持群众路线，密切联系群众，一切为了人民，一切依靠人民，一切从人民利益出发，推动中国特色社会主义事业发展，具有重要的现实意义。

注　释

1　《马克思恩格斯全集》第 25 卷，人民出版社 2001 年版，第 534 页。

2 《马克思恩格斯文集》第 4 卷，人民出版社 2009 年版，第 304 页。

3 张岱年、敏泽主编:《回读百年》第五卷（上），大象出版社 2009 年版，第 320 页。

4 《普列汉诺夫哲学著作选集》第 2 卷，生活·读书·新知三联书店 1962 年版，第 359—360 页。

5 《马克思恩格斯文集》第 4 卷，人民出版社 2009 年版，第 308 页。

6 参见李长莉:《关注民众观念世界——对思想史研究对象及方法的思考》,《光明日报》2003 年 1 月 15 日。

7 张岱年、敏泽主编:《回读百年》第五卷（上），大象出版社 2009 年版，第 332 页。

8 张岱年、敏泽主编:《回读百年》第五卷（上），大象出版社 2009 年版，第 291 页。

9 张岱年、敏泽主编:《回读百年》第五卷（上），大象出版社 2009 年版，第 322 页。

10 参见张岱年、敏泽主编:《回读百年》第五卷（上），大象出版社 2009 年版，第 325 页。

11 参见张岱年、敏泽主编:《回读百年》第五卷（上），大象出版社 2009 年版，第 286 页。

12 《列宁专题文集 论马克思主义》,人民出版社 2009 年版，第 14 页。

13 参见《刘奔文集》,中国社会科学出版社 2008 年版，第 140—141 页。

14 《马克思恩格斯文集》第 8 卷，人民出版社 2009 年版，第 197 页。

15 《马克思恩格斯文集》第 10 卷，人民出版社 2009 年版，第 43 页。

16 转引自陈孝全:《朱自清传》,北京航空航天大学出版社 2008 年版，第 188 页。

17 《马克思恩格斯文集》第 1 卷，人民出版社 2009 年版，第 295 页。

18 《马克思恩格斯文集》第 1 卷，人民出版社 2009 年版，第 611 页。

19 《马克思恩格斯全集》第 12 卷，人民出版社 1962 年版，第 308 页。

20 黄炎培:《八十年来》,中国文史出版社1982年版,第156—157页。

21 黄炎培:《八十年来》,中国文史出版社1982年版,第157页。

22 《尚书·五子之歌》。

23 《穀梁传》。

24 《孟子·尽心下》。

25 《孟子·离娄上》。

26 《荀子·大略》。

27 《贞观政要·君道》。

28 《商君书·修权》。

29 《劝学篇·明纲》

30 《列宁专题文集 论无产阶级政党》,人民出版社2009年版,第249页。

31 参见房宁:《民主政治十论》,中华书局2009年版,第204页。

32 《毛泽东选集》第四卷,人民出版社1991年版,第1128页。

33 王肃:《孔子家语》。

34 《邓小平文选》第三卷,人民出版社1993年版,第177页。

35 《邓小平文选》第二卷,人民出版社1994年版,第333页。

36 《邓小平文选》第三卷,人民出版社1993年版,第272页。

37 《邓小平文选》第二卷,人民出版社1994年版,第146页。

38 《邓小平文选》第二卷,人民出版社1994年版,第337页。

39 《邓小平文选》第二卷,人民出版社1994年版,第146页。

40 《毛泽东选集》第三卷,人民出版社1991年版,第1096页。

41 《毛泽东选集》第三卷,人民出版社1991年版,第1094—1095页。

42 《邓小平文选》第二卷,人民出版社1994年版,第128页。

43 《邓小平文选》第三卷,人民出版社1993年版,第373页。

附　录

《新大众哲学》总目录

学好哲学　终生受用
——总论篇

插上哲学的翅膀，飞向自由的王国
　　——哲学导论
　　一、为什么学哲学
　　二、哲学是什么
　　三、哲学的前世今生
　　四、哲学的左邻右舍
　　五、怎样学哲学用哲学
　　结　语

与时偕行的哲学
　　——马克思主义哲学
　　一、以科学赢得尊重
　　二、以立场获得力量
　　三、用实践实现革命
　　四、因创新引领时代
　　结　语

立足中国实际"说新话"
　　——马克思主义哲学中国化

一、繁荣发展的必经之路

二、自觉站在巨人肩上

三、深深扎根在中国大地

四、实现中国化的伟大飞跃

五、真正成为大众的思想武器

结　语

反对主观唯心主义

——唯物论篇

坚持唯物论，反对唯心论

——唯物论总论

一、全部哲学的最高问题

　　——关于思维与存在关系问题的大讨论

二、哲学上的基本派别

　　——南朝齐梁时期的一场形神关系论辩

三、坚持唯物论，反对唯心论

　　——失散多年的"孩子"终于找回来了

结　语

世界统一于物质

——物质论

结　语

实现人与自然的和谐发展

——自然观

一、自然观问题的重新提出

——"美丽的香格里拉"

二、自然观的历史演变

——泰勒斯与"万物的起源是水"

三、马克思主义自然观

——笛福与《鲁滨逊漂流记》

四、实现人与自然和谐发展

——温室效应和"哥本哈根会议"

结　语

信息化的世界和世界的信息化

——信息论

一、信息的功能与特点

——"情报拯救了以色列"

二、信息既源于物质但又不等于物质

——"焚书坑儒"罪莫大焉

三、信息与意识既有联系又有区别

——"蜻蜓低飞"是要告诉人们"天要下雨"的信息吗

四、信息与人的实践活动

——虚拟实践也是一种实践活动吗

要把握适度原则

——质量互变规律

结　语

新事物终究战胜旧事物
——否定之否定规律
一、坚持辩证的否定观

　　——胚对胚乳的否定、麦株对麦种的否定

二、否定之否定规律是客观的、普遍的

　　——毛泽东妙论飞机起飞、飞行和降落

三、新生事物是不可战胜的

　　——纵观一个半世纪以来的世界历史进程

四、要研究否定之否定的特殊性和多样性

　　——防止千篇一律与"一刀切"

结　语

用系统的观点看世界
——系统论
一、用整体观认识问题

　　——整体不等于部分的总和

二、以结构观点观察系统

　　——结构决定功能

三、从层次性出发分析事物

　　——山外有山，天外有天

四、凭开放的眼光看世界

　　——开放导致有序，封闭导致无序

人类思想史上的新历史观
——历史观篇

人的精神家园

——价值论篇

深刻洞悉价值世界的奥秘

——价值论总论

荡起幸福人生的双桨
——人生观篇

什么是人生观
——人生观总论

一、人是什么

　　——法国"五月风暴"与萨特的存在主义

二、生从何来

　　——人是上帝创造的吗

三、死归何处

　　——"生的伟大，死的光荣"

四、应做何事

　　——钢铁是怎样炼成的

五、人生观是指导人生的开关

　　——从"斯芬克斯之谜"说起

结　语

人生的航标和灯塔
——马克思主义人生观

一、马克思主义人生观是科学的人生观

　　——雷锋精神对我们的启示

新大众哲学

后记

2010 年 7 月 4 日，中国社会科学院院长王伟光教授（时任常务副院长）主持召开了《新大众哲学》编写工作第一次会议，传达了中共中央宣传部关于编写《新大众哲学》课题立项的决定，正式启动了这一重大科研任务。在启动会议上，成立了依托中国辩证唯物主义研究会、以中国社会科学院与中共中央党校的专家学者为主的编写组，由王伟光教授任主编，李景源、庞元正、李晓兵、孙伟平、毛卫平、冯鹏志、郝永平、杨信礼、辛鸣、周业兵、王磊、陈界亭、曾祥富等为编写组成员。

从 2010 年 7 月初到 8 月底，编写组成员认真走访了资深专家学者。对京内专家，采取登门拜访的形式；对京外学者，则采取函询的方式。韩树英、邢贲思、杨春贵、汝信、赵凤岐、黄楠森、袁贵仁、陶德麟、侯树栋、许志功、陈先达、陈晏

清、张绪文、宋惠昌、沈冲、卢俊忠、卢国英、王丹一、赵
光武、赵家祥等充分肯定了编写《新大众哲学》的重要意
义，提出了有价值的建议（其中一部分书面建议已经安排在
《马克思主义哲学论丛》上分期刊发了）。编写组专门召开
会议，对各位专家提出的意见和建议进行了充分讨论，认真
吸取各位专家的建言。

编写组认真提炼和归纳了马克思主义哲学关注并需要回
答的 300 个当代重大理论与现实问题。从 2010 年 7 月 31 日
到 11 月底，编写组对这些问题进行了反复研讨和精心梳理。
经过充分讨论，编写组把《新大众哲学》归纳为总论、唯物
论、辩证法、认识论、历史观、价值论和人生观七个分篇，
拟定了研究写作提纲，制订了统一规范的写作体例。

《新大众哲学》编写组成员领到写作任务后，自主安排
学习、研究与写作。全组隔周安排一次研讨会，对提交的文
稿逐一进行研究讨论。在王伟光教授的带动下，这种日常
性的集中讨论在三年多的时间里一直得到了严格坚持，从
2010 年 7 月启动到 2013 年 10 月已持续了 80 次，每次都形
成了会议纪要。写出初稿后，还安排了 3 次集中讨论，每次
集中 3 天时间。这些内容都体现在《新大众哲学》的副产品
《梅花香自苦寒来——新大众哲学编写资料集》中。

主编王伟光教授在公务相当繁忙的情况下，一直亲自主

持双周讨论会，即使国外出访或国内出差也想办法补上。他在白天事务缠身的情况下，经常在夜间加班，或从晚上工作到凌晨 2 点，或从清晨 4 点开始工作。他亲自针对问题拟定了写作提纲，审改了每份初稿，甚至对相当多的稿件重新写作，保证了书稿的质量与风格。可以说，在编写《新大众哲学》的过程中，他投入了最多的精力，奉献了最多的智慧。

经过三年多的努力，大部分稿件已基本成稿。为统一写作风格并达到目标要求，王伟光教授主持了五次集中修订书稿。每一次修改文稿，每稿至少改三遍，多则十遍。第一次带领孙伟平和辛鸣，于 2013 年 5 月对所有书稿进行统稿，相当多的书稿几乎改写或重写。在这个基础上，他于同年 7—10 月重新修订全部书稿，改写、重写了相当多的书稿，做了第二次集中修订。2013 年 11 月，王伟光教授将全部书稿打印成册，送请国内若干资深专家学者再次征求意见。韩树英、邢贲思、杨春贵、赵凤岐、陶德麟、侯树栋、许志功、陈先达、陈晏清、张绪文、宋惠昌、赵家祥、郭湛、丰子义等认真阅读了书稿，提出了中肯的修改意见。在这期间，王伟光教授对书稿进行了第三次集中审阅、改写和重写。2013 年 12 月上旬，其对书稿进行了第四次集中审阅和改写。2014 年 1 月 5 日，根据专家意见，编写组成员进行了一次，即第 81 次集中讨论。2014 年 1—3 月分别作了初步修改。在此基础上，王伟光教授于 2014 年 3—6 月进行了第五次集中修改定稿，对每部书稿做了多遍修改，甚至重写。孙伟平也同时阅改了全书，辛鸣、冯鹏志阅改了部分书稿。于 2014 年 6 月 8 日，书稿交由人民出版社和中国社会科学出版社出版。同年 7 月，王伟光教授和孙伟平同志根据编辑建议修订了全部书稿，8 月审改了书稿清样。

在《新大众哲学》即将面世之际，往事历历在目。在这四年左右的时间里，编写组成员牺牲了节假日和平常休息时间，花费了大量的精力和心血。出于对马克思主义哲学的忠诚、信念和追求，老中青学者达成了共识，并紧密凝聚在一起，不辞劳苦，甘于奉献。资深专家的精心指导和严格把关，是《新大众哲学》提升质量的重要条件。《新大众哲学》在写作过程中，参考了《大众哲学》《马克思主义哲学纲要》《通俗哲学》等著述。黑龙江佳木斯市市委书记王兆力、北京观音阁文物有限公司董事长魏金亭、大有数字资源公司董事长张长江、北京国开园中医药技术开发服务中心董事长高武等，提供了便利的会议场地和基本的物质条件，这是《新大众哲学》如期完成的可靠保障。人民出版社和中国社会科学出版社对此书出版高度重视，编辑人员展现了一流的编辑水平和敬业精神。我们一并表示诚挚的感谢！

xin dazhong zhexue

新大众哲学·5·历史观篇

人类思想史上的新历史观

王伟光　主编

人民出版社
中国社会科学出版社

　　——坐地日行八万里，巡天遥看一千河

三、时空是物质运动的基本形式

四、运动是有规律的

　　——诸葛亮为什么能借来东风

意识是存在的反映

一、意识是物质世界长期发展的产物

　　——动物具有"高超智能"吗

二、意识是人脑的机能

　　——"人机大战"说明了什么

三、意识是客观存在在人脑中的反映

　　——意识的"加工厂"和"原材料"

四、意识是社会意识

五、意识具有能动作用

　　——"大众哲人"艾思奇与《大众哲学》

六、坚持主流意识形态的引领作用

　　——福山的"意识形态终结论"

一、矛盾规律是事物存在和发展的根本法则

　　——《周易》和阴阳两极对立统一说

二、矛盾的普遍性与特殊性是统一的

　　——具体地分析具体的矛盾

三、矛盾双方既统一又斗争

　　——杨献珍与"一分为二""合二而一"的争论

四、矛盾是事物变化发展的根本原因

　　——没有"好"矛盾与"坏"矛盾之分

五、善于集中力量解决主要矛盾

　　——人民军队克敌制胜的战略策略

　　——公孙龙《白马论》的"离合"辩

一、既要认识事物的量与质，更要研究事物的度

　　——汽会变水、水又会变冰

二、认识质量互变规律，促进事物质的飞跃

　　——达尔文"进化论"、斯宾塞"庸俗进化论"与居维叶"突变论"

三、把握总的量变过程中的部分质变

　　——关于中国特色社会主义所处时代和历史方位的科学判断

四、要研究质量互变的特殊性

　　——事物质变的爆发式飞跃和非爆发式飞跃